Alexa Mohl

Traumwege zum Glück

HERDER spektrum

Band 5303

Das Buch

In gewissen Stunden – vielleicht wenn man alleine und traurig ist und nicht gut drauf, oder einfach nur so –, wenn man da in sich hineinhört, kann es sein, dass man in sich eine Stimme hört, die einem Geschichten erzählt. Geschichten von einer anderen Seite, von anderen Farben des Lebens, wie das Leben auch sein kann. Eine Stimme, die einen auf Traumwege zum Glück führt. Und wenn man sich diesen Traumwegen einfach überlässt, kann man bisweilen gar nicht mehr unterscheiden, in welchem Leben und welcher Geschichte man sich gerade befindet. Die Glücksmomente der Geschichte können einen durch und durch erfassen und – wie auch immer – ein Glanz davon strahlt ins alltägliche Leben, bis sich auch dort die notwendigen kleinen und großen Veränderungen vollziehen. Die Autorin dieses Taschenbuches geht oft auf diesen Traumwegen. Und es sind wunderbare Geschichten, die ihr dabei begegnen. Die schönsten davon hat sie festgehalten und erzählt sie für ihre Leserinnen und Leser nochmals.

Die Autorin

Alexa Mohl, Dr. phil. habil., lebt als selbstständige psychologische Beraterin, Führungstrainerin und Coach in Hannover. Sie studierte Psychologie und Soziologie. Lehraufträge an verschiedenen Hochschulen. Leitet Seminare für Weiterbildung von Führungskräften und für Managementausbildung.

Alexa Mohl

Traumwege
zum Glück

Geschichten von kleinen
und großen Veränderungen

HERDER

FREIBURG · BASEL · WIEN

Originalausgabe

Gedruckt auf umweltfreundlichem,
chlorfrei gebleichtem Papier

Alle Rechte vorbehalten – Printed in Germany
© Verlag Herder Freiburg im Breisgau 2003
www.herder.de
Satz: Dtp-Satzservice Peter Huber, Freiburg
Herstellung: fgb · freiburger graphische betriebe 2003
www.fgb.de
Umschlaggestaltung und Konzeption:
R·M·E München / Roland Eschlbeck, Liana Tuchel
Umschlagmotiv: © ZEFA
ISBN 3-451-05303-9

INHALT

HINFÜHRUNG

In diesem Buch werden Sie Geschichten finden. Wenn Sie gerne Geschichten lesen, haben Sie das richtige Buch gekauft. Aber bevor Sie sich entschließen, mir das zu glauben, möchte ich Sie darauf hinweisen, dass die Geschichten in diesem Buch von besonderer Art sind. Sie sollen nicht unterhalten. Aber das ist nicht ganz richtig. Natürlich sollen sie auch unterhalten, aber sie sollen nicht nur unterhalten. Es sind Metaphern, die Sie in diesem Buch finden. Und mit Metaphern hat es besondere Umstände. Metaphern sind Geschichten zum Nachdenken. Sie haben keinen Sinn. Nein, auch das ist nicht ganz richtig. Sie haben einen Sinn. Aber mit Metaphern ist es nicht so, dass sie einen Sinn haben, von dem man sagen kann, das ist er, der Sinn dieser Geschichte. Das ist deshalb so, weil jeder Mensch, der sie liest, ihnen einen anderen Sinn geben wird. Und aus diesem Grunde haben die Geschichten, wenn Sie sie lesen, den Sinn, den Sie ihnen geben.

Aber dieses Buch ist nicht nur ein Metaphernbuch. Die Geschichten stehen in einem größeren Zusammenhang und werden erzählt wie die Märchen aus 1001 Nacht. Aber die Frau, die diese Geschichten aufschreibt, ist keine Scheherazade, die sie erzählt und unterbricht, um am Leben zu bleiben, weil ihr Gebieter sie zu Ende hören möchte, bevor er sie ermorden lassen will. Nein, die Geschichten in diesem Buch werden immer zu Ende erzählt. Es geht in diesem Buch aber auch um das Leben einer Frau, aber nicht in dem Sinne, es nicht zu verlieren, sondern darum, es wiederzugewinnen.

In diesem Buch ist auch nicht leicht erkennbar, wer die Geschichten erzählt. Es heißt, dass ein Narr sie erzählt. Aber wer der Narr ist, eine Phantasiegestalt oder ein Traumwesen, bleibt unklar. Eigentlich erzählt die Erzählerin nur von sich selber, und es sind nur ein paar Tage und Nächte in ihrem Leben, von denen sie erzählt. Und eigentlich erzählt sie nicht sehr viel von sich, sondern nur von ihrer Einsamkeit, von ihren Gedanken und ihren Träumen. Und in diesen Träumen tauchen die Geschichten auf. Aber ob sie diese Geschichten selber erfindet oder ob der Narr diese Geschichten für sie erzählt, ist auch unklar. Denn sie selber weiß zuweilen nicht, welche Bedeutung die Geschichten haben. Haben sie überhaupt eine Bedeutung?

Auf alle diese Fragen werden keine Antworten gegeben. Aber es gibt Antworten, nämlich die, die Sie darauf haben. Und wenn Sie Antworten lieben, die Sie selber finden, dann wird Ihnen dieses Buch gefallen.

Vielleicht habe ich irgendwann einmal – außerhalb der Zeit natürlich – irgendwo im Universum auf einer Wolke gesessen und mich gefragt, welcher Stern, welches Land und welche Zeit für mich richtig sein könnte, um im Leben die Erfahrungen zu machen und das erreichen zu können, was ich mir vorgenommen hatte. Ob das so war, weiß ich leider nicht mehr, denn das Leben beginnt mit Vergessen. Und nun sitze ich hier allein in meinem Arbeitszimmer und frage mich, ob die Entscheidung, die ich getroffen habe, gut war, wenn ich denn eine Entscheidung getroffen habe. Ich blicke auf mein Leben zurück und kann nicht glauben, das einmal geplant zu haben. In dieser Welt fühle ich mich nicht sehr heimisch, und auch die Zeit scheint für mich nicht die richtige zu sein. Ich weiß mit den Dingen, die hier und heute eine große Bedeutung haben, wenn man ihren farbenprächtigen und lautstarken Anpreisungen Glauben schenken darf, überhaupt nichts anzufangen. Statt hinauszugehen und mich dort anderen Menschen anzuschließen, verkrieche ich mich lieber in meine eigene Innenwelt, um zu träumen. Wie soll ich in dieser Welt leben? Ich muss mich geirrt haben in meiner Wahl.

Es ist still hier drinnen in meinem Arbeitszimmer, nur eine Fliege bewegt sich in bizarren Zickzackflügen durch den Raum, als wüsste sie nicht, wo sie hin will. Dabei gibt sie unterschiedliche Töne von sich. Einmal summt sie ganz hell, dann brummt sie in einer tieferen Tonlage, als sei auch ihre Stimmung nicht gerade ausgeglichen. Zwischendurch ruht sie sich aus. Dann ist es eine Weile still. Aber es dauert nicht lange, dann fliegt sie wieder quer durch den Raum und rammt zuweilen die Glasscheibe der halb geöffneten Balkontür. Ihr Zusammenstoß mit dem Glas ist so laut, dass ich denke, sie müsse sich dabei den Kopf einschlagen oder zumindest verletzen. Aber sie scheint nur zornig zu werden, denn mit einem grimmigen Surren fliegt sie dann an der Scheibe hin und her, als wolle sie unbedingt mit dem Kopf durch die gläserne Wand. Irgendwann ist sie dann so erschöpft, dass sie sich wieder ausruhen muss. Dann wird es wieder still hier im Raum und ich höre durch die offene Balkontür aus den Jasminbüschen im Garten den Ruf eines Weidenlaubsängers. Und zuweilen geht ein leichter Wind durch die Birke, die neben dem Balkon steht. Ganz selten höre ich ein Auto die Straße entlangfahren. Mein Haus steht in einem ruhigen Wohnviertel, und am frühen Nachmittag wandern hier nur wenige Menschen durch. Vor mir liegt das Buch, das ich übersetzen soll. Aber die Zeilen verschwimmen mir immer wieder vor den Augen. Mein Blick geht dann weiter, zunächst zu den Usambaraveilchen auf meinem Fensterbrett und dann durch das Fenster in den Garten. Dort bleibt er an den Fliederbüschen hängen, die schon lange verblüht sind, und geht dann ganz ins Leere. Und wenn ich eine Zeit lang so ins Leere geschaut habe, verwandelt sich alles. Ich bin dann weit weg von hier. Ich täusche mich natürlich nicht darüber, dass ich hier an meinem Schreibtisch sitze und träume, obwohl ich eigentlich übersetzen sollte. Aber während ich träume, kommt mir das Wissen, dass ich in meinem Zimmer sitze, so vollkommen abhanden, dass ich manchmal wirklich zweifele, ob ich nicht tatsächlich ganz woanders bin. Mit ganz woanders meine ich nicht, dass meine Gedanken ganz woanders sind, sondern ich meine es wirklich so, dass ich mich an einem anderen Ort befinde. Es ist schwer zu beschreiben, was dann geschieht, und ich kann es eigentlich nur so beschreiben: Ich bin dann ganz woanders. Ich sehe dann nämlich nicht mehr die Bücherregale, meinen Schreibtisch, das Fenster mit den Usambaraveilchen und die Balkontür. Ich höre auch nicht die Fliege summen und den Wind in der Birke rauschen. Obwohl: ich höre Wind. Ganz leise raschelt er in den Kronen von Bäumen. Zumindest hört es sich so an. Und ich höre noch etwas. Ich höre jemanden Geschichten erzählen.

Ich weiß, dass das ganz unglaubwürdig klingt. Trotzdem erlebe ich es so. Man kann das natürlich auch ganz anders beschreiben, nämlich so, dass ich mich wie eine unverbesserliche Träumerin ganz einfach lieber in diesen Trancezustand versetze, als meine Arbeit zu tun. Man könnte auch der Meinung sein, dass ich Halluzinationen habe. Mir ist gleich, wie andere das erklären würden. Vielleicht spinne ich tatsächlich. Wenn man einsam ist, verliert man sich sehr leicht in Phantasien. Aber mir gefallen meine Phantasien sehr viel besser als die Wirklichkeit. Jedenfalls sind sie interessanter als das Psychologiebuch, das ich übersetzen soll, um mein Geld zu verdienen.

Wie dem auch sei, ich höre, wenn ich in meinem Arbeitszimmer sitze und eigentlich übersetzen sollte, Geschichten. Ich könnte meine Hand dafür ins Feuer legen, dass ich sie mir nicht selber ausdenke. Das weiß ich deshalb, weil die Stimme, die sie erzählt, nicht meine Stimme ist. Sie klingt ganz anders. Es ist überhaupt keine Frauenstimme, sondern eine Männerstimme, obwohl ich mir auch dabei nicht ganz sicher bin. Sie klingt sehr hell und melodisch. Der Mann, dem diese Stimme gehört, müsste Tenor singen, wenn er sänge. Aber natürlich kann ich mich auch darin täuschen. Es könnte natürlich auch eine Stimme sein, die ich irgendwann einmal gehört habe. Menschen vergessen zuweilen von einem Erlebnis alles bis auf eines. Das kann ein Duft sein oder ein Geschmack, ein Bild oder ein Gefühl oder eben auch der Klang einer Stimme. So etwas soll es geben. Wenn das zuträfe, so denke ich jetzt wieder, wäre ich es doch selber, aus deren innerem Erleben diese Geschichten auftauchen. Aber ich kann versichern, dass ich es ganz anders erfahre. Ich erfahre es so, dass da jemand anderes ist, der Geschichten erzählt. Und dabei bleibe ich jetzt!

Die erste Geschichte habe ich einfach nur gehört. Ich saß wie jeden Nachmittag in meinem Arbeitszimmer an meinem Schreibtisch und lauschte der Fliege. Da tauchte auf einmal, während das Surren der Fliege immer leiser wurde, ein Rauschen wie in Baumkronen auf und diese helle und melodische Stimme, die eine Geschichte zu erzählen begann.

DER FREMDE

Es geschah vor langer, langer Zeit, dass ein Fremder in ein einsames Dorf tief in den Wäldern Nordamerikas kam. Der Fremde war schweigsam, gab keine Auskunft, wer er sei, woher er komme und was er wolle. Verschlossen waren auch die Leute des Dorfes. Sie ließen ihn wohl gewähren, aber sie mochten den Fremden nicht. Er war anders als sie, vielleicht würde er betteln, stehlen oder die Kinder verderben. Vielleicht! Die Leute wussten es nicht, aber sie erwogen es, und das machte ihre Miene finster und abweisend. Warum dachten sie so? Mag sein, dass sie schlechte Erfahrungen mit Fremden gemacht hatten und glaubten, sich und die Ihren schützen zu müssen. Die Kinder wurden angewiesen, nicht mit ihm zu sprechen und sich von ihm fern zu halten.

Aber es gab im Dorfe einen Knaben, dessen Eltern früh gestorben waren, und der deshalb zu niemandem gehörte, sondern für wechselnde Brotherren niedere Arbeit tat. Selten richtete man das Wort an ihn, außer um ihm seine Arbeit anzuweisen. Dieser Knabe fühlte sich auf eine seltsame Weise zu dem Fremden hingezogen, vielleicht weil er gleich ihm im Dorfe nicht sehr willkommen war. Und so geschah es, dass er, wann immer er eine freie Stunde hatte, die Nähe des Fremden aufsuchte, um nach ihm zu schauen. Er fand sein Tun nicht ungewöhnlich. Der Fremde lebte wie ein Pelzjäger, hatte sich ein Lager hergerichtet, ging auf die Jagd, fischte, stellte Fallen auf und verkaufte die Felle seiner Beute in der Stadt unten am Fluss. Eines Tages fand der Knabe ihn am Bachlauf sitzen und an einem Stück Holz schnitzen. Langsam kam er näher heran, als er vordem gewagt hatte, lehnte sich keine fünf Schritte entfernt an einen Baum, warf Steine in den Bach, schwieg und schaute zuweilen verstohlen nach ihm. Er fand nichts Feindseliges in der Haltung des Fremden und in seiner Miene auch nicht. Und als ihre Blicke sich einige Male getroffen hatten, ohne dass der Fremde Anzeichen gegeben hatte, seinen Platz aufzugeben, mit seiner Beschäftigung innezuhalten oder das Wort an ihn zu richten, fragte er: „Warum bleibst du in diesem Dorf, du bist hier nicht willkommen?" Der Fremde ließ seine Hände sinken, richtete seinen Blick unbestimmt in die Ferne und schwieg lange. Derweil flogen Wildgänse über den Himmel, die Sonne sank ein paar Finger breit hinter eine westliche Wolkenbank, und vom Dorf läutete die Versperglocke, als der Mann mit ruhiger Stimme antwortete: „Es gibt hier etwas zu tun für mich." Wieder war es eine lange Weile still, nur der Bach plätscherte über die Steine und ein Fink verkündete mit lautem Schlagen, dass dies sein Revier sei. „Was gibt es hier für dich zu tun, du kannst deine Fallen überall aufstellen?", fragte der Knabe. „Ich weiß es noch nicht", antwortete der Fremde.

Da geschah es, dass eines Nachts eine große Stallung des Dorfes in Flammen aufging. Zu spät hatte man das Feuer bemerkt. Das Gebäude brach lodernd zusammen, als die Männer herbeieilten, um zu löschen. Aber das Vieh war unversehrt geblieben. Es war der Fremde, der zeitig zur Stelle gewesen, das Tor geöffnet, alle Tiere losgebunden und hinausgetrieben hatte und wieder gegangen war.

Als die Leute sich versammelt hatten, um über das Vorgefallene zu reden, waren sie froh und kleinlaut zugleich. „Wir haben dem Fremden mit unserem Argwohn Unrecht getan. Ohne ihn hätten wir alles Vieh verloren." Und sie kamen überein, ihr Vergehen wieder gutzumachen.

Unterdes war der Knabe zum Lager des Fremden gegangen. Er fand ihn ruhig an seinem Feuer sitzen und eine Pfeife rauchen. „War es das, was es hier für dich zu tun gab?", fragte das Kind. „Das war es!", antwortete der Mann. „Aber wie konntest du es wissen?", fragte der Knabe, „es war doch Zufall, dass dieses Feuer ausbrach und du zur Stelle warst?" „Nein!", antwortete der Mann. „Es gibt an jedem Ort, an den Gott dich stellt, etwas für dich zu tun. Du musst es nur wissen und darauf warten. Und ...", er schaute dem Knaben einen Augenblick lang ins Angesicht und fuhr fort: „Überall findest du Freunde, auch wenn du manchmal lange warten musst."

Über diese Worte dachte der Knabe nach. Er ließ sein eigenes Leben in seinen Gedanken an sich vorüberziehen und fragte sich, welche Aufgabe es wohl für ihn gäbe, hier in diesem Dorf. Und er dachte an die Menschen, in deren Kreis er lebte, und fragte sich, welcher wohl Freund mit ihm würde sein wollen. Und er begann zu zweifeln, ob dies der Platz sein könnte, an dem er einen Freund und eine Aufgabe würde finden können. „Wie konnte der Fremde so sicher sein?", fragte er sich. „Ich muss ihn das fragen", beschloss er. „Er gab sichere Antworten auf meine Fragen. Dann wird er auch auf diese Frage eine Antwort wissen." Und er ging und suchte nach ihm. Aber der Fremde war verschwunden. Und er kehrte nie zurück.

„Und er kehrte nie zurück ..." Diese Worte klangen eine lange Weile wie ein Echo in meinem Inneren nach. Welche Gedanken sie ausgelöst haben, kann ich gar nicht sagen. Es fällt mir manchmal schwer zu denken und gleichzeitig wahrzunehmen, was ich

denke. Die Gedanken sind so schnell vorbei. Meine Aufmerksamkeit tauchte erst wieder auf, als ein Summen in mein Ohr drang.
Ich bemerkte, dass ich nicht mehr die Stimme des Erzählers und
das Rauschen in den Baumkronen hörte, sondern meine Fliege.
Sie läuft auf der Scheibe meiner Balkontür hin und her, als versuche sie, den für sie unsichtbaren Widerstand zu erkunden, der
sie daran hindert, nach draußen zu gelangen. Es muss völlig unverständlich für sie sein, dass sie im Raum meines Arbeitszimmers
fliegen kann, und plötzlich ist da etwas, was genauso aussieht wie
die Luft, aber ganz anders beschaffen ist: eine unsichtbare Wand,
gegen die sie stößt. Wie sollte sie auch unterscheiden können zwischen Luft und Glas, beides sieht aus, als wäre es nichts, aber das
eine fühlt sich auch an wie nichts und am anderen kann man sich
den Kopf einschlagen. Ich stelle mir vor, wie es für mich wäre,
plötzlich im freien Flug gegen eine unsichtbare Mauer zu prallen,
ein geheimnisvolles Etwas, das man nur fühlen, aber nicht sehen
kann. Eigentlich ist da nichts, aber da ist doch etwas, und zwar
etwas ganz Hartes. Ich würde es für Zauberei halten. Ich würde
es nicht glauben können und immer wieder versuchen, das Unsichtbare, das meinen freien Flug so plötzlich und schmerzlich
behindert, zu überwinden. Eigentlich verhält sich meine Fliege
genauso, wie ich es tun würde, wenn ich sie wäre. Auch sie kann
es nicht glauben und versucht immer wieder, durch die gläserne
Wand zu gelangen, obwohl es weh tun muss.

Während ich meine Fliege bei ihrem Kampf gegen die unsichtbare Glaswand meiner Balkontür beobachte, nehme ich wahr,
wie ich mit vorgebeugtem Oberkörper in meinem Arbeitsstuhl
sitze und mein Kinn in die Innenfläche meiner rechten Hand
stütze. Um meine Augen fühlt es sich müde an. Es fällt mir
schwer, meine Lider nicht zufallen zu lassen, obwohl ich heute
noch nicht sehr viel gearbeitet habe. Ich kann eigentlich gar nicht
müde sein. Aber ich kenne dieses Gefühl um die Augen. Es begleitet nicht nur meine Müdigkeit, sondern auch meine Traurigkeit. Und die gibt es schon sehr lange. Schon als Kind habe ich

meine Augen lieber von der Welt abgewendet und geschlossen. Ja, das ist es, wird mir jetzt klar, die Geschichte hat sie wieder hervorgeholt, eine alte schmerzliche Erfahrung: Auch mich hat niemand willkommen geheißen in dieser Welt. Ich bin in den letzten Kriegstagen geboren worden, ein Nesthäkchen, wie man solche späten Nachzügler in der Geschwisterreihe zärtlich nennt. Aber ich bin nicht freudig erwartet und zärtlich aufgenommen worden. Das ist ja auch kein Wunder: Am Ende eines Krieges noch eine ungeplante Schwangerschaft, ein Säugling auf der Flucht, und dann gab es in den Nachkriegsjahren wenig zu essen. Wie hätte meine Mutter sich auch auf mich freuen können! Aber eigentlich müsste ich es ganz anders sehen, wenn ich unterstelle, dass es meine Entscheidung war, auf diese Welt zu kommen. Dann wäre ich es gewesen, die meiner Mutter Unrecht zugefügt hätte, mich in solchen Zeiten in ihr Leben einzuschleichen. Ich hätte es besser wissen sollen und mir eine andere Zeit für mein Erscheinen aussuchen sollen. Das wäre für alle leichter gewesen.

Aber so ist es nun einmal gewesen. Ich kann es nicht ändern. Niemand kann es ändern. Manche Menschen sagen, man solle das Beste daraus machen. Aber was ist das Beste, was man daraus machen kann? Irgend jemand hat mal gesagt, oder habe ich es in einem der Psychologiebücher gelesen, die ich in langen Jahren übersetzt habe, oder vielleicht habe ich es ganz woanders her, ich weiß es nicht mehr, aber irgendwo habe ich es gelesen und mir nicht selber ausgedacht, nämlich dass gerade auch schmerzliche Erfahrungen ihren Sinn haben sollen. Sie seien eine Schule der Gefühle und würden zum Mitgefühl befähigen. In der Tat, das ist wirklich etwas, was ich kann, mich einfühlen in den Kummer anderer Menschen. Oder zumindest habe ich es gekonnt, bevor ich mich hier in mein Haus eingeschlossen habe, um allein zu sein. Früher sind viele Leute zu mir gekommen, um mir von ihren Problemen zu berichten. Eigentlich habe ich nie viel dazu gesagt, sondern nur zugehört und dabei gemerkt, dass die Gefühle, die sie hatten, sich auch in mir ausbreiteten. Mehr ist selten geschehen. Und ich habe mich immer gewundert, dass sie dankbar waren und behauptet haben, ich hätte ihnen geholfen. Getan habe ich nichts. Vielleicht ist das so etwas wie eine Aufgabe für mich. Aber ich habe keinen Beruf daraus gemacht. Ich habe Fremdsprachen gelernt und übersetze, was andere Leute sagen.

Und es ist komisch, bemerke ich jetzt, andere können ihre Probleme bei mir abladen. Warum kann ich das selber nicht? Braucht man dazu jemanden, der einem zuhört? Ich könnte mir doch selber zuhören. Aber das habe ich doch schon lange gemacht und es hat nicht geholfen. Sie will nicht gehen, meine Traurigkeit. Und sie sitzt nicht nur in meinem Gemüt. Wenn sie aufkommt, fühlt es sich so an, dass sie sich in meinem ganzen Körper ausbreitet, in den Armen und Beinen, die sich dann nicht mehr schwungvoll bewegen lassen wollen, in meine Brust, die mir dann das Atmen schwer macht, in meinen Kopf, der dann müde wird, besonders um die Augen herum. Wenn meine Traurigkeit kommt, werden auch meine Bewegungen langsam. Ich gehe wie in Zeitlupe in meinem Arbeitszimmer hin und her oder sitze regungslos in diesem Stuhl, zumeist vorgebeugt, meinen Kopf im Teller meiner rechten Hand, lasse meine Blicke durch das Fenster in den Garten schweifen und dann in die Weite gehen, ins Nichts.

Ich fühle wieder, dass ich langsam in diesen Zustand falle, in dem alles in meinem Arbeitszimmer verschwindet, so als würden meine Augen und Ohren hier ihre Arbeit einstellen. Ich tauche in eine andere Wirklichkeit ein. Das Summen meiner Fliege wird immer leiser. Ich höre wieder, wie es zu rauschen beginnt wie im Laub von vielen großen Bäumen. Aber vielleicht ist es ja nur das Rauschen in den Ohren, wenn man kurz vor dem Einschlafen ganz nach innen geht. Dann beginnt es auch ganz leise zu rauschen. Aber das hört sich anders an. Das Rauschen, das ich höre, wenn ich in meinem Arbeitszimmer sitze und zu träumen beginne, ist ganz anders. Er klingt wie Wind in Baumkronen. Und da ist sie auch wieder, die Stimme, die Geschichten erzählt:

JENSEITS DES GLÜCKS

Ein Kaufmann, der durch ein Feuer all seinen Besitz verloren hatte, stand vor den rauchenden Trümmern seines
ehemaligen Reichtums. „Alles dahin", sagte er mit tonloser
Stimme zu sich, „meine Habe, meine Freunde und mein
Glück!" Einsamkeit und Verzweiflung stiegen in seine Brust
und schnürten sie zusammen. Da kam ein Bettler des Weges,
der sah seine Not und sprach ihn an: „Ich sehe, dass auch du
alles verloren hast und verzweifelst. Aber ich kenne einen Ort,
an dem einsame und verzweifelte Menschen wieder Frieden
finden. Du musst ihn nur suchen. Er liegt jenseits eines großen
Flusses. Aber der Fährmann wird dich übersetzen." Der Kaufmann dankte dem Bettler für seinen Rat und machte sich auf
die Suche.

Lange wanderte der Kaufmann durch fremde Länder, als er
eines Tages den Fluss fand, an dessen anderem Ufer der Ort
des Friedens lag. Die Fähre hatte diesseits angelegt und wartete auf Reisende. Der Kaufmann trat auf den Fährmann zu
und sprach: „Ich habe im Leben all meine Habe verloren. Deshalb bin ich einsam und verzweifelt." Und er bat, ihn mit der
nächsten Fahrt überzusetzen. Der Fährmann hörte diese Worte
und sprach: „Du dauerst mich, aber ich kann dich nicht übersetzen. „Was hindert dich daran?", fragte der Kaufmann ver-
stört. „Wenn du es nicht weißt", antwortete der Fährmann,
„kann ich es dir nicht sagen. Du musst es selber herausfinden."

Mutlos wendete der Kaufmann sich ab und ging mit schweren
Schritten zurück in das letzte Dorf, durch das er gekommen

war und setzte sich an den Brunnen auf eine Bank. Dort saß er lange in sich versunken, als eine Stimme ihn ansprach: „Auch du scheinst einsam und verzweifelt zu sein." Als der Kaufmann seinen Kopf hob, sah er einen anderen Mann, gleich ihm mit traurigen Augen und gebückter Haltung. „Das bin ich", sagte der Kaufmann. „Ich habe all meine Habe, meine Freunde und mein Glück verloren."

„Ebenso erging es mir. Ich war ein berühmter Sänger. Aber durch eine Krankheit verlor ich meine Stimme und dann auch alle Freunde, die mich früher bewundert und meine Nähe gesucht hatten. Ich war von einem Tag auf den anderen einsam und verzweifelt. In meiner Not riet mir ein Mädchen, mich aufzumachen, und den Ort des Friedens zu suchen. Aber als ich ankam und dem Fährmann mein Leid klagte und ihn bat, mich überzusetzen, verwehrte er mir meinen Wunsch mit seltsamen Worten."

„Auch mich hat der Fährmann mit rätselhaften Worten abgewiesen", sagte der Kaufmann. „Und nun bleibt mir keine Hoffnung." „Das geht uns allen so", erwiderte der Sänger. „Hier sind noch andere, die in derselben Lage sind wie wir. Dort drüben siehst du einen ehemaligen Hauptmann, der in Ungnade fiel und all seine Macht verlor. Neben ihm sitzt ein Mann, dem der Typhus alle Menschen raubte, die ihm lieb waren. Und dort am Brunnen steht ein Mann, der im Unglück eine fürchterliche Tat beging, wodurch er die Achtung all seiner Mitmenschen verlor. Sie alle suchten und fanden den Ort des Friedens. Aber der Fährmann wies sie ab. Und nun sitzen sie hier und haben alle Hoffnung verloren."

Während sie alle fünf da saßen und ohne Hoffnung in eine dunkle Zukunft starrten, kam ein Kind mit einem Krug an den Brunnen, um Wasser zu schöpfen. Das Kind sah die Männer und sah ihre Hoffnungslosigkeit. Und das Kind zauderte, ob es die Männer ansprechen sollte. Aber da sie alle so traurig aussahen, fasste es ein Herz und sprach: „Ich sehe, ihr seid Reisende zum Ort des Friedens, die der Fährmann noch nicht übersetzen darf. Aber warum seid ihr so mutlos?"

Und es richtete seine Augen auf den Kaufmann und sah ihn fragend an. „Ich habe all meine Habe verloren, mein Kind", sagte der Kaufmann. „Deshalb bin ich einsam und verzweifelt." Das Kind sah ihn an und erwiderte: „Auch ich besitze nichts. Aber wenn ich meine Augen öffne, kann ich den Himmel, die Sonne, die Wälder und die Blumen sehen und mich freuen."

Und es wandte sich mit fragenden Augen an den Sänger. „Ich habe all meinen Ruhm verloren, deshalb bin ich einsam und verzweifelt", antwortete dieser. „Das verstehe ich nicht", erwiderte das Kind. „Es gibt niemanden in der Welt, der mich rühmte. Aber ich kann meine Ohren auftun und hören, wie der Wind in den Baumkronen rauscht, die Vögel singen, der Regen an mein Fenster trommelt und manchmal in der Nacht dünkt es mich, ich könnte die Sterne im Universum klingen hören. Und dann freue ich mich."

Und es wandte sich an den Hauptmann. „Du hast recht", sprach dieser. „Wir haben noch Augen und Ohren. Aber ich habe all meine Macht verloren, deshalb bin ich einsam und verzweifelt." Das Kind aber schaute ihm ins Angesicht und sagte: „Auch ich habe keine Macht, und ich wüsste gar nicht, was ich mit ihr anfangen sollte. Dafür habe ich Hände, um die Dinge zu berühren. Und ich kann fühlen, wie mein Körper sich biegt, wenn ich tanze, wie der Wind um meine Glieder wirbelt, wenn ich laufe, wie das Wasser meine Haut streichelt, wenn ich im Fluss schwimme und manchmal, wie eine Hand über mein Haar streicht. Und dann kann ich mich freuen."

Und es wandte sich an den vierten Mann: „Warum bist du so mutlos?" Und dieser Mann schaute es an und erwiderte. „Mich wirst du verstehen, denn ich habe alle verloren, die mich liebten, deshalb bin ich einsam und verzweifelt." Und das Kind erwiderte seinen Blick und sagte: „Du irrst, auch ich bin allein. Meine Eltern sind früh gestorben. Aber es gibt immer Menschen, die du lieben kannst. Zum Beispiel deine Nachbarn. Ich habe eine Nachbarin, die gibt mir zuweilen duftendes Brot, wenn sie gebacken hat. Und dafür liebe ich sie und freue mich."

Und was ist dir geschehen, dass du so verzweifelt bist und der Fährmann dich nicht übersetzen will", fragte das Kind den letzten Mann. „Ich habe durch eigene Schuld die Achtung meiner Mitmenschen verloren, deshalb bin ich einsam und verzweifelt." Über diese Worte dachte das Kind nach, bevor es sprach: „Auch dich kann ich nicht verstehen. Alle Menschen werden in ihrem Leben auf irgendeine Weise schuldig. Sie müssen darum nicht im Gram versinken. Das Leben ist nicht nur bitter. Schuld kann vergeben werden. Und auch du kannst lernen, dir zu verzeihen."

„Aber wir sind doch lange Wege gegangen und haben versucht, diesen Ort des Friedens zu finden", entgegnete der Letzte. „Und wir haben die Erfahrung gemacht, dass der Fährmann uns nicht übersetzen will. Wir können jetzt nichts mehr tun. Frieden zu finden steht nicht in unserer Macht."

„Das kann ich nicht glauben", sagte das Kind. „Ihr alle hängt eure Gedanken an vergangenes Unglück und bleibt darum in eurer Einsamkeit und Verzweiflung gefangen. Dabei vergesst ihr, dass eure Sinne frei sind, die Schönheit des Lebens zu sehen, den Klängen zu lauschen, eure Lebendigkeit zu fühlen, den Duft wahrzunehmen und alle Köstlichkeiten zu schmecken. Vielleicht setzt der Fährmann euch nicht über, weil ihr euer Begehren nicht richtig begründet. Fragt ihn doch noch einmal!" Mit diesen Worten nahm es seinen Krug und verließ sie.

Die fünf Gestalten, die am Brunnen zurückblieben, schwiegen. Sie schwiegen lange. Aber während sie so schwiegen und nachsannen, löste sich ihre Erstarrung. Sie richteten sich auf, dann erhoben sie sich und gingen. Sie gingen zum Fluss, an dessen anderem Ufer der Ort des Friedens lag. Und mit jedem Schritt, den sie taten, spürten sie, wie sie sich von dem lösten, was in der Vergangenheit geschehen war. Und als sie vor den Fährmann hintraten, sprach der Kaufmann: „Wir wünschen Frieden." „Kommt auf mein Boot. Ich setze euch über", sagte der Fährmann.

Ich weiß nicht mehr, wie lange ich regungslos in meinem Stuhl gesessen habe, nachdem die letzten Worte verklungen waren. Mit der hellen und melodischen Stimme des Erzählers wurde aber auch das Rauschen in den Baumkronen immer leiser, und ich höre jetzt, dass ich wieder in Gesellschaft meiner Fliege bin. Sie ist gerade dabei, ihren Kampf mit der unsichtbaren Glaswand meiner Balkontür aufzugeben und lässt sich auf einem Blatt meiner Usambaraveilchen vor mir auf der Fensterbank nieder. Dort befühlt sie mit den vorderen Beinen ihren Kopf. Möglicherweise hat sie sich Beulen geholt oder ihre Fühler verletzt. Danach richtet sie ihre Flügel und streicht mehrere Male mit ihren Hinterbeinen über sie hinweg. Aber sie besinnt sich nicht lange, sondern erhebt sich wieder und surrt quer durch den Raum. Vielleicht fühlt sie sich hier in meinem Arbeitszimmer gefangen, kommt mir in den Sinn, und ich stehe auf, um die Balkontür weit zu öffnen, in der Hoffnung, dass meine Fliege in die Freiheit fliegen will. Aber sie tut es nicht. Und auch einige Handbewegungen, mit denen ich sie in die richtige Richtung zu lenken versuche, haben nicht den gewünschten Erfolg. Meine Bemühungen um ihre Freiheit scheint sie wohl eher für eine kleine Verfolgungsjagd zu halten, denn sie weicht meinen Händen geschickt aus. Vielleicht fasst sie meinen Versuch, ihr den Weg in die Freiheit zu weisen, auch als Aufforderung zum Haschen auf. Wie auch immer. Sie bleibt bei mir.

Ich lasse mich wieder an meinem Schreibtisch nieder und ziehe das Buch, das ich übersetzen sollte, etwas näher an mich heran. Aber das tue ich ganz mechanisch. Meine Gedanken sind immer noch bei der Geschichte, die ich gehört habe. Aber meine Gedanken sind nicht klar. Ich kann jetzt nicht wiedergeben, was ich denke. Eigentlich kann ich gar keinen Gedanken fassen. In meinem Kopf stottert es, ein Gedanke beginnt und bevor er zu Ende ist, springt meine innere Stimme zu einem anderen Gedanken über, führt auch den nicht aus, sondern mischt sogleich den nächsten mit hinein. Es ist ziemlich mühsam, solcher Redeweise zu folgen. Irgendwann gebe ich es auf, meinen Gedanken zu folgen und nehme wahr, wie ich meinen rechten Ellbogen auf die Tischplatte aufstütze und mit Zeigefinger und Daumen meine Unterlippe knete. Dabei starre ich auf die Zeilen des aufgeschlagenen Buches, das ich übersetzen soll. Aber ich sehe die Zeilen nicht wirklich, sondern nur die weißen Zwischenräume. Als ich bemerke, dass ich eigentlich in etwas versunken bin, das mit Worten nicht zu beschreiben ist, fasse ich einen Entschluss, nämlich, mir mein Abendbrot zu machen. Das ist zumindest etwas Sinnvolles.

Ich verlasse mein Arbeitszimmer und gehe in die Küche. Auf dem Weg fällt mir ein, dass mein Vorhaben nicht sehr erfolgreich ausfallen wird. Ich habe schon am Morgen bemerkt, dass es nicht mehr viel Vorräte in meinem Kühlschrank gibt, und mir vorgenommen, am frühen Nachmittag einkaufen zu gehen. Diesen Entschluss habe ich leider vergessen. Deshalb finde ich jetzt nur noch einen kläglichen Rest Brot, ein trockenes Stück Käse und eine weiche Tomate. Dazu bereite ich mir einen Tee. Wasser gibt es immer. Und an Teebeuteln habe ich einen reichlichen Vorrat und genügend Auswahl. Seit ich alleine lebe, habe ich die Lust zu kochen verloren. Die schönen Dinge des Lebens muss man teilen. Das sagt zumindest eine Freundin von mir. Und sie hat Recht. Früher habe ich Stunden in der Küche gestanden, wenn Freunde kamen. Und ich habe mich gefreut, wenn es ihnen schmeckte und sie mich lobten. Wenn ich mir aber jetzt vorstelle, ganz für mich allein Salat zu waschen, Suppe zu bereiten, Fleisch zu braten oder Gemüse zu dünsten, kommt mir das komisch vor. Es wäre viel zuviel Aufwand. Ein Schwarzbrot mit trockenem Käse und Tomate aus der Faust stillt den Hunger auch. Und wenn ich etwas Warmes brauche, kann ich zum Italiener um die Ecke gehen. Aber allein dorthin zu gehen macht auch keinen Spaß. Während ich bereits mein Brot in den Mund stopfe, kaue und mühsam herunterschlucke, denn das alles ist ein bisschen sehr trocken, warte ich darauf, dass das Wasser kocht. Der Beutel liegt schon in meiner Tasse. Am Papierschnipsel, der über den Tassenrand hängt, steht Fenchel. Ich werde also Fencheltee trinken. Der ist gesund. Und dazu setze ich mich an den Tisch und denke nochmals über die Geschichte nach.

Ich habe auch alles verloren … Aber was heißt verloren. Ich war niemals reich … und berühmt auch nicht, … auch über Macht habe ich niemals verfügt, … und ein Verbrechen habe ich auch niemals begangen … Zumindest keines, was einen Menschen die Achtung seiner Mitmenschen kostet … Aber sicher habe ich andere Menschen verletzt. So etwas kann man gar nicht vermeiden. Mit Bewusstsein habe ich das aber nicht getan. Das weiß ich ganz sicher … Aber den Mann, den ich geliebt habe, den habe ich verletzt. Und er ist mir verloren gegangen … Aber kann man einen anderen Menschen überhaupt besitzen? ... Ach, was soll's, er ist nicht mehr da. Er ist schon lange nicht mehr da ... Ruhe und Frieden finden. Ja, das ist gut. Aber kann man das überhaupt? ... Ich spüre, wie sich meine Stirn zusammenzieht. Ich bin ins Grübeln gekommen. Dabei habe ich mir vorgenommen, das nicht mehr zu tun, weil ich weiß, dass ich über einen bestimmten Punkt nicht hinauskomme. Grübeln kostet nur Zeit, deprimiert und bringt mich nicht weiter. Ich gebe mir innerlich einen Ruck und nehme mir vor, wieder an meinen Schreibtisch zu gehen. Heute habe ich mein Soll an täglicher Arbeit noch nicht geleistet. Zwei Stunden übersetzen, befehle ich mir. Und das tue ich jetzt, ohne zu grübeln und ohne zu träumen.

Als ich später in meinem Bett liege, kommen die Gedanken wieder. Das tun sie immer, und ich habe nicht selten erlebt, dass es mir dann überhaupt nicht gelingt, einzuschlafen. Um das zu verhindern, habe ich mir ein kleines Ritual ausgedacht, um abzuschalten. Ich achte dabei auf die Wahrnehmung dessen, was ich in dem Augenblick, wenn ich im Bett liege, sehen, hören und fühlen kann und sage mir das mit meiner inneren Stimme vor. Zum Beispiel: Ich sehe im Dunkeln das helle Rechteck des Fensters. Ich sehe an der gegenüberliegenden Wand das Licht, das von der Straßenbeleuchtung durch das Fenster hereinkommt. Ich sehe, wie der Wind die Gardinen leicht bewegt. Ich höre in der Ferne einen Zug fahren. Ich höre ein leichtes Klingen in meinen Ohren und ich höre, wie ich ein- und wie ich ausatme. Ich fühle, wie mein Kopf auf dem Kissen liegt. Ich fühle meine Hände unter der Decke und ich fühle, wie sich meine Brust beim Atmen hebt und senkt. Wenn ich diese Übung mache, kann ich schnell einschlafen.

In dieser Nacht schlafe ich aber nicht schnell ein. Ich fühle, wie sich mein Körper entspannt. Es ist sogar eine tiefe Entspannung. Ich habe das Gefühl, dass ich unendlich weich werde. Und dann taucht etwas auf, was in diesem Augenblick absolute Gewissheit ist. „Ich habe nie aufgehört, diesen Mann zu lieben." Und dann kommen Tränen. Sie sind übrigens wirklich heiß, wie sie aus meinen Augen quellen, während mein Hinterkopf auf dem Kissen liegt, und dann abkühlen, während sie die Schläfen hinunterlaufen. Und dann bin ich nur noch ein Bündel Sehnsucht. Wenn es mir so ergeht, erinnere ich mich zuweilen an meine Kindheit und daran, dass ich gebetet habe, wenn ich traurig oder verzweifelt war. Heute kann ich das nicht mehr, weil ich nicht mehr an einen persönlichen Gott glaube. Aber ich glaube, dass es irgend etwas geben muss, das größer ist als alles, was existiert, größer als das Leben, größer als Gesellschaft, als Kultur und auch größer als das Universum. Es muss so etwas wie einen universellen Geist geben, der alles bewegt. Ich glaube das, weil es ein Argument gibt, das ich bisher nie entkräften konnte: Die Entwicklung, die das Universum durchgemacht hat und immer noch durchmacht, ist ein Strom, der bergauf fließt. Dass aus dem Nichts Materie, dann Leben und dann Bewusstsein entstanden ist, kann man naturwissenschaftlich nicht erklären. Es muss eine Kraft geben, die das hervorbringt, eine Kraft, die wir nicht kennen. Und manchmal, wenn ich heute so verzweifelt bin wie damals als Kind, wende ich mich an diese Kraft oder diesen Geist oder was immer es ist und bitte um eine Botschaft, die mich wissen lässt, dass das alles einen Sinn hat, dass ich nicht einfach nur ein armseliges sehnsüchtiges Stückchen Leben bin, das irgendwann zu Ende ist und dessen Atome und Moleküle dann in etwas anderes übergehen, das dann aber kein Bewusstsein mehr hat. Aber es kam nie eine Antwort.

Auch in dieser Nacht kommt keine Antwort. Und weil ich da in meinem Bett Angst habe, dass ich wieder einmal nicht einschlafen werde, stehe ich wieder auf und gehe an meinen Schreibtisch. Hier bin ich jetzt ganz allein, mitten in der Nacht, und ganz ohne Gesellschaft. Meine Fliege scheint zu schlafen. Draußen ist es ganz still. Die Luft ist völlig unbewegt. Durch das Fenster kann ich im Kreis einer Straßenlaterne zwar die Umrisse der Fliederbüsche erkennen, aber nicht deutlich. Und ich will auch gar nichts deutlich erkennen. Ich will träumen. Und ich träume. Und richtig, obwohl es keinen großen Unterschied zwischen hier und dort gibt – es ist auch dort dunkel und es gibt auch dort kaum etwas zu hören – fühle ich, dass ich an einem anderen Ort bin. Es ist ein bisschen kühler. Ich fühle mich auf einer Bank sitzen, einer Bank im Park. Es ist Nacht und ich höre wieder die Stimme, die Geschichten erzählt:

TRAUMARBEIT

Zwei Menschen hatten, als sie noch jung waren, einander lieb gewonnen und beschlossen, beieinander zu bleiben. Sie waren beide sehr verschieden in ihren Eigenschaften, Talenten und in ihrem Wesen, aber jeder liebte am anderen, was ihm selber abging. Sie ergänzten einander in vielen Dingen und waren glücklich darüber. Und wenn es auch einige Charakterzüge gab, die einer am anderen nicht mochte, so lächelten sie über diese Eigenheiten und gingen darüber hinweg.

Die Zeit verging und nahezu unbemerkt veränderte sich die liebevolle Beziehung zwischen den beiden. Sie begannen beide, das Anderssein des anderen mit weniger liebevollen Augen zu betrachten. Wenn einer etwas vom anderen wollte, was er selber nicht konnte, wurde er ärgerlich, wenn es nicht sogleich erfüllt wurde. Und die ungewünschten Eigenheiten des Partners verwandelten sich allmählich in ärgerliche Störungen, über die sie sich angewöhnt hatten, heftig zu streiten.

Da besuchte sie eines Tages der Traum, und beide beklagten sich bei ihm über den anderen. „Ich kann euch helfen, wenn ihr wollt", sagte der Traum, und als beide seinem Angebot zustimmten, nahm er sie in seine Arme und verwandelte einen in den anderen. Als die beiden erwachten, rieben sie ihre Augen und betrachteten einander auf eine neue Weise. Keiner hatte bisher versucht, den anderen von innen heraus zu verstehen. Jetzt hatten sie erfahren, wie auch im Wesen des anderen Sehen, Hören, Fühlen, Denken, Lieben und Wollen auf eine einzigartige und kunstvolle Weise miteinander verknüpft sind.

Aber da sie, aus den Armen des Traums erwacht, wieder sie selber waren, merkten sie, dass sie sich trotzdem noch übereinander ärgerten. Sie waren ja immer noch abhängig voneinander, und in ihrer eigenen Welt waren die Eigenheiten des anderen immer noch ungewünschte Störungen. Der Traum, dem das nicht verborgen blieb, lächelte sie an und fragte: „Soll ich noch einmal zaubern?" Beide stimmten freudig zu. Und der Traum umfing sie wieder mit seinen Armen, deckte seinen weiten Mantel über sie und verwandelte sie. Beide erlebten neue Fähigkeiten sich entwickeln und in den tiefsten Kammern ihres Wesens, aus denen der Ärger über das Anderssein des anderen aufgetaucht war, eine sanfte Ruhe sich ausbreiten.

Als die beiden erwachten, waren sie sehr verwirrt. Sie schauten einander an und wurden gewahr, dass sie einander nicht mehr brauchten, weil sie jetzt selber tun konnten, was sie vordem vom anderen erbitten mussten. „Wir sind nicht mehr voneinander abhängig!", sprachen sie. „Wir könnten uns trennen." Und sie dachten nach und ihnen wurde klar, sie könnten sich trennen. Aber es gab dafür keine Veranlassung mehr, weil sie die vordem ungewünschten Eigenheiten des anderen nicht nur mit neuen Augen sahen, sondern auch mit neuem Herzen wahrnahmen. Und sie fielen einander in die Arme und liebten einander mehr denn je.

Während sie so einander angeschaut, miteinander gesprochen und einander berührt hatten, stand der Traum abseits und wartete, denn er hatte noch eine wichtige Botschaft für sie: „Was ich vermag", erklärte er ihnen, „ist, euch zu zeigen, wessen ihr bedürft. Ich kann es aber nicht bewirken. Das müsst ihr selber tun." Und mit diesen Worten verließ er sie, um zu anderen zu gehen und andere in seine Arme zu nehmen.

Nach diesen Worten breitete sich ein langes Schweigen aus. Und auch in mir war es still, und in dieser Stille lauschte ich dem Nachhall dessen, was ich gehört hatte. „Was ich vermag, ist, euch zu zeigen, wessen ihr bedürft. Ich kann es aber nicht bewirken. Das müsst ihr selber tun." Und in die Bewegung, die diese Worte in mir auslösten, hörte ich eine ganz junge, helle Stimme fragen: „Haben sie es geschafft? Haben sie allein überhaupt die Chance, eine solche Verwandlung zu schaffen?" „Ich glaube ja", sagte die Erzählerstimme. „Wen der Traum einmal in seinen Armen gehalten hat, den verlässt er nicht wirklich, auch wenn er geht."

Ich weiß nicht mehr, wie lange ich auf der Bank gesessen habe und in meinen Gedanken die Geschichte immer wieder durchgegangen bin. Das Gefühl, an einem anderen Ort zu sein, wurde immer schwächer und während es sich verlor, tauchte mein Arbeitszimmer wieder auf. Es ist immer noch Nacht, nur nicht mehr so kühl und so luftig, aber immer noch dunkel und still. Während ich bemerke, dass es jetzt mein Stuhl ist, der mich trägt und fühle, wie mein Rücken die Lehne berührt und mein Kopf sich hebt, nehme ich wahr, wie dort drinnen meine Gedanken sich langsam entwirren. Ich denke über den Traum in der Geschichte nach und nehme dabei wahr, dass ich jetzt wieder ein wenig mehr Macht über meine Gedanken habe, obwohl sie noch immer dazu neigen, nach eigenen Gesetzen zu fließen. Ich kann sie immerhin ein wenig steuern. Der Traum in dieser Geschichte, das kommt mir in den Sinn, ist etwas ganz anderes, als wir unter einem Traum verstehen. Aber was ist überhaupt ein

Traum? Man kann so vieles damit meinen. Wenn Menschen sagen, etwas sei so schön wie ein Traum, dann ist ein Traum einfach etwas Wunderschönes. Wenn sie aber sagen, etwas sei nur ein Traum, dann ist ein Traum etwas Unwirkliches. Manche Menschen sprechen von ihrem Traum und dann haben sie eine Vorstellung, die sie verwirklichen wollen. Merkwürdig, dieses Schwanken zwischen Wirklichkeit und Unwirklichkeit. Als ob man sich nicht entscheiden wollte oder könnte, aber müsste, oder nicht? Für die Philosophie ist der Traum auch so etwas Verwirrendes, nämlich ein Grenzzustand des Bewusstseins. Die Psychologen machen es sich da leichter: Für sie ist ein Traum ein im Schlaf auftretendes Erleben, das nach ganz anderen Gesetzen abläuft als wirkliches Erleben. Aber wie steht es da mit der Wirklichkeit? Ich erinnere mich, dass ein alter chinesischer Philosoph von einem Traum berichtete, in dem er ein Schmetterling war. Und als er erwachte, wusste er nicht mehr, wer er war, ein Philosoph, der geträumt hatte, ein Schmetterling zu sein, oder ein Schmetterling, der jetzt träumt, ein Philosoph zu sein. Das Einzige, was man in dieser Verwirrung aufrechterhalten kann, ist das Wissen, dass man selber existiert. Aber was dieses Existierende ist, dieses Etwas, zu dem wir Ich sagen, darüber kann man gar nichts wissen. Und in dieser Geschichte tritt der Traum als körperliche Gestalt auf, als Lehrer, der den beiden unglücklichen Menschen einen Weg zeigt. Was soll das bedeuten? Können Träume uns etwas lehren?

Menschen haben Träumen schon immer eine wichtige Bedeutung beigemessen. Die Alten fassten Träume als Offenbarungen der Götter auf oder als göttliche Mahnung, und Träume zu deuten war eine Kunst. Joseph deutete dem Pharao einen Traum, erinnere ich mich aus dem Konfirmandenunterricht. Auch unsere Psychologen halten Träume für ein sinnvolles seelisches Geschehen, das man deuten kann. Es gibt Traumbücher, aus denen man lernen kann, Träume wie eine fremde Sprache zu übersetzen. Allerdings sind sich die Psychologen nicht einig, was man aus Träumen erfahren kann. Manche behaupten, es ginge im Traum immer um die Erfüllung verborgener Wünsche. Andere glauben, daraus Hinweise über das Leben des Träumers, noch andere, etwas über die Zukunft erfahren zu können. Ich kenne mich da leider nicht aus, obwohl es mich interessiert. Manche Menschen, das habe ich in einem Buch gelesen, können träumen und gleichzeitig wissen, dass sie träumen. Ich habe versucht, das zu lernen, bin aber schnell daran gescheitert. Meine Nachtträume vergesse ich regelmäßig. Vielleicht haben da doch unsere nüchternen Wissenschaftler recht, die Träume für einen nächtlichen Hausputz des Gehirns halten.

Ich habe mich immer nur mit Tagträumen beschäftigt. Damit kann ich sehr viel besser umgehen. Und immerhin weiß ich dabei auch, was ich tue. Es geht darin immer um etwas, um das ich gekämpft habe und dann gescheitert bin. Und wenn ich wusste, dass es zwecklos war, weiterzukämpfen, dann träumte ich halt. Und was meine Tagträume angeht, da hätte der Psychologe recht, der behauptet, Träume beschäftigen sich mit Wünschen. Tagträume muss man nicht entschlüsseln, zumindest meine nicht, die sind so klar. Und damit meine ich nicht die Bilder, die ich mir ausmale, sondern auch die Bedeutung. Ich habe mir früher ganze Romane ausgedacht. Und in denen ist immer etwas ganz anderes geschehen als in der Wirklichkeit. Aber das haben wohl alle Tagträume an sich. Menschen malen sich in Wachträumen aus, was sie nicht erleben durften, aus welchen Gründen auch immer.

Allerdings haben sich meine Träume in letzter Zeit sehr verändert. Ich führe nicht mehr Regie darin. Sie scheinen eine Mischung aus Tagträumen und Nachtträumen zu sein, denn wenn ich hier an meinem Schreibtisch sitze und träume, schlafe ich nicht. Ich bin hellwach. Aber das, was ich erlebe, hat mehr Ähnlichkeit mit einem Schlaftraum als mit einem Tagtraum. Was ich hier erlebe, male ich mir nicht aus, es geschieht. Und was ich erfahre, liegt nicht klar zu Tage. Es scheint verschlüsselt zu sein. Zwar nicht so, wie ein Schlaftraum verschlüsselt ist, in dem die merkwürdigsten Dinge geschehen. Aber merkwürdig sind meine Erfahrungen auch. Oder sollte ich doch an meinem Schreibtisch sitzen und einschlafen und mir im Traum einbilden, ich säße am meinem Schreibtisch und hörte jemanden Geschichten erzählen? Das kann auch nicht sein, denn die Rückkehr in mein Arbeitszimmer erlebe ich ganz anders als das Aufwachen aus einem Schlaftraum. Mein Gott, ist das alles verrückt! Ich werde es nicht herausfinden, also lasse ich es so, wie es ist. Es muss mir ja niemand glauben.

Ich entschließe mich, wieder in mein Bett zurückzugehen. Und während ich die Treppe hinaufsteige, erinnere ich mich, dass ich bei der letzten Geschichte zwei Stimmen gehört habe. Die Erzählerstimme war dieselbe wie bei den ersten Geschichten, die ich gehört habe. Die andere Stimme klang wie eine Kinderstimme. Welche Bedeutung könnte das haben? Aber inzwischen ist es viel zu spät, um noch geordnet zu denken. Meine Aufmerksamkeit scheint zu müde zu sein, um dem Geplapper da oben in meinem Kopf noch folgen zu können. Ich krieche unter meine Schlafdecke und beginne mein Ritual. Ich fühle, wie mein Kopf auf dem Kissen liegt. Ich fühle meine Hände unter der Decke und ich fühle, wie sich meine Brust beim Atmen hebt und senkt. Ich höre ein leichtes Klingen in meinen Ohren, und dann muss ich eingeschlafen sein.

Als ich am nächsten Tag erwache, bleibe ich nicht lange in meinen Federn liegen. Ich bin neugierig, was dieser Tag mir wohl bringt. Ich springe aus dem Bett und steige in die Jeans, die auf dem Boden liegt, wo ich sie gestern ausgezogen habe. Du musst dich morgens waschen, geht mir durch den Kopf. Diesen Gedanken verwerfe ich aber. Wozu soll ich mich waschen. Es kommt ja keiner. Na gut, Katzenwäsche und Zähneputzen könnte sinnvoll sein, um nicht total auf den Hund zu kommen. Als ich mir

mein Frühstück machen will, stelle ich fest, dass ich immer
noch nicht eingekauft habe. Also mache ich mir wieder Fencheltee. Aber ich habe auch Hunger. Und um einzukaufen, dazu
fehlt mir immer noch die Lust. Also mache ich mich auf die Suche, ob es irgendwo noch etwas zu essen gibt. Der Kühlschrank
ist leer. Brot ist alle. Aber es gibt noch Honig. Das bringt Energie. Um davon genügend zu bekommen, nehme ich ihn mit
einem großen Löffel. Und in einer Schublade finde ich eine Tüte
mit Mandeln. Mit meinem Becher Fencheltee und den Mandeln
ausgestattet, gehe ich in mein Arbeitszimmer. Ich setze mich an
meinen Schreibtisch, ziehe das Buch, das ich übersetzen soll, in
mein Blickfeld. Die Mandeln deponiere ich daneben. Aber solange ich an den Mandeln knabbere, tut sich nichts. Essen und
Träumen kann ich offensichtlich nicht zur gleichen Zeit. Also
höre ich mit den Mandeln auf und lausche. Meine Fliege scheint
nicht da zu sein. Jedenfalls höre ich sie nicht. Ist sie also doch
hinausgeflogen? Aber die Balkontür war geschlossen. Sie muss
noch irgendwo sein. Oder ist sie gestorben und liegt irgendwo?
Ich weiß nicht, wie lange Fliegen leben. Es gibt Eintagsfliegen,
die nur einen Tag leben, aber meines Wissens war meine Fliege
zu groß für eine Eintagsfliege. Sie war ein Brummer, nach der
Intensität zu urteilen, mit der sie ihre Töne von sich gab. Und
wenn sie gegen die Balkontür flog, hat es ein richtig lautes Ge-
räusch gegeben. Ich merke, wie mich das Fehlen meiner Fliege
unruhig macht. Gehört sie dazu, dass ich träumen kann? Geht
es ohne sie nicht? Ich stehe wieder auf und öffne die Balkontür.
Draußen ist es ganz still. Nichts regt sich. Doch, ich höre Vögel
zwitschern, Meisen. Aber nicht in meinen Büschen, sondern aus
dem Garten des Nachbarn. Ich gehe wieder an meinen Schreibtisch und setze mich in die richtige Position, den Kopf in meine
rechte Hand, den rechten Ellbogen auf den Schreibtisch. Dann
die Augen über die Usambaraveilchen hinaus in den Garten
über die Fliederbüsche ins Weite. Und da höre ich es wieder, das
Rauschen in den Baumkronen und, wie sollte es anders sein, die
Stimme meines Erzählers:

AM PIANO

Es waren einmal Zwillingsschwestern, die hatten einander so lieb, dass sie sich niemals trennen wollten. Sie teilten alles, ihr Spielzeug, ihr Naschwerk und die Liebe zur Musik. Schon früh war auch diese gemeinsame Neigung aufgetaucht. Und sie hatten ihre Eltern bestürmt, sie gemeinsam lernen zu lassen, das Piano zu spielen. Und so verbrachten sie viele Stunden, während andere Kinder im Freien herumtollten, am Piano und übten unermüdlich. Aber während sie bisher die Freude gleicher Gestalt, gleicher Anlagen und gleicher Entwicklung erleben durften, stellte sich bald heraus, dass am Piano, obwohl von beiden mit Leidenschaft betrieben, die gleichen Fortschritte sich nicht einstellen wollten.

Die eine konnte schon bald beschwingte Lieder spielen, gesammelt und hingegeben, während ihre Finger mit Leichtigkeit über die Tasten glitten. Die andere wollte es ihr gleichtun, übte beharrlich und unermüdlich, immer wieder und wieder, aber der leichte Tanz ihrer Hände mit den Tasten wollte sich nicht einstellen, so sehr sie sich auch darum bemühte. Aber sie ließ nicht ab, weinte, wischte die Tränen fort und begann von neuem.

„Ich bin unbegabt", sagte sie endlich, nahm ihre Hände in ihren Schoß, ließ den Kopf sinken und weinte. „Das kann nicht wahr sein", antwortete ihre Schwester. „Wir sind Zwillinge. Wir haben die gleichen Anlagen. Du kannst es genauso gut wie ich." „Das kann ich nicht glauben", entgegnete die andere. „Wenn ich die gleiche Begabung hätte wie du, müsste ich mich nicht so quälen." Und sie schlug ihre Hände vors Gesicht und schluchzte. „Das stimmt nicht", wandte die Schwester ein und nahm sie in die Arme. „Ich weiß es genau. Ich habe den Lehrer sagen hören, es müsse der Zweifel sein, der dich hindert, so zu spielen wie ich. Dein Glaube an dich sei zu schwach, sagte er, und dein Wille zu stark."Was soll das heißen?"; fragte das Mädchen. „Ich weiß es nicht", antwortete die Schwester. „Aber du wirst es herausfinden."

Da hatte das unglückliche Mädchen eines Nachts einen Traum. Sie saß in einem großen Saal am Piano und übte Tonleitern. Sie musste schon eine lange Zeit dort gesessen und geübt haben, denn sie war müde, aber es wollte und wollte nicht gehen. Ihre Finger schienen ihr nicht zu gehorchen, so sehr sie sich auch bemühte. Da bemerkte sie neben dem Klavier den Schatten eines Riesen, der drohend einen Stock erhoben hatte, wie wenn er sie schlagen wollte. „Wer bist du?" fragte sie erschrocken. „Ich bin dein Wille", antwortete der Schatten. „Ich will, dass du eine große Pianistin wirst. Und ich befehle dir, nicht aufzuhören, als bis du deine Übung sicher beherrschst." „Ich kann nicht mehr", sagte sie und begann zu weinen. „Du musst!"; entgegnete der Schatten. Also fuhr sie fort, weinte, aber fuhr fort, zu üben, bis gar nichts mehr ging. Und sie hielt inne und ließ den Kopf sinken. Da bemerkte sie ein Kratzen an ihrem Hals. Als sie die Hand hob, um über die Stelle zu streichen, fühlte sie, dass etwas auf ihrer Schulter saß. Als sie den Kopf wandte, um danach zu schauen, entdeckte sie den Schatten eines kleinen Zwergen, dessen Antlitz durch einen großen Zahn entstellt wurde, mit dem er an ihrem Nacken kratzte. „Wer bist du?"; fragte das Mädchen nochmals erschrocken. „Ich bin dein Zweifel", antwortete der Zwerg. „Ich will dich vor der Sünde der Überheblichkeit bewahren, deshalb sage ich dir, dass du unbegabt bist. Gib es auf." Diese Worte im Ohr erwachte das Mädchen.

Nach dieser Nacht dauerte es nicht lange und alles war wie verwandelt. Die starren Finger lösten sich und glitten mit wachsender Leichtigkeit über die Tasten. Selig hingegeben spielten die Zwillinge, dass es eine Freude war, sie zu hören und ihnen zuzuschauen. Und es dauerte nicht lange, da gaben sie, immer noch im jungen Alter, ihr erstes Konzert. Später heiratete eine von ihnen, die andere, und es war die, die anfangs geglaubt hatte, unbegabt zu sein, wurde eine berühmte Pianistin.

„Ist das das Ende der Geschichte?", fragte die Kinderstimme in die Stille hinein. „Ja, das ist das Ende", hörte ich die Erzählerstimme. „Aber du hast nicht gesagt, wie sie das gemacht hat." Das war wieder die Kinderstimme. „Wie sie das gemacht hat", antwortete der Erzähler, „darüber wird nichts berichtet. Aber vielleicht sollte ich noch erwähnen, dass eines Tages – inzwischen waren nicht nur Jahre, sondern Jahrzehnte vergangen – die Zofe der Pianistin eine verborgene Lade im Schrank öffnete und darin etwas Seltsames fand, einen kleinen Zahn und einen großen Stock."

Inzwischen bin ich schon an das Geschehen gewöhnt, wie ich nach der Geschichte in meinem Arbeitszimmer wieder auftauche. Es läuft im Wesentlichen über das Hören. Das Rauschen in den Baumkronen wird immer leiser, während das Summen meiner Fliege wieder an mein Ohr dringt. Und dann sehe ich, wo ich bin. Und während die Bilder meines Arbeitszimmers wieder auftauchen, fühle ich, wie ich in meinem Stuhl sitze, den Kopf immer noch in meine rechte Hand gestützt. Meine ersten Gedanken gelten der Kinderstimme. Ich habe sie wieder sehr deutlich gehört. Die Erzählerstimme war dieselbe, und jetzt gibt es da auch ein Kind. Der Erzähler erzählt diese Geschichten einem Kind. Das muss einen Sinn haben. Warum erzählt man Kindern Geschichten. In der Regel geht es darum, sie zu unterhalten. Kinder hören gerne Geschichten. Aber meistens wollen Geschichten auch etwas vermitteln. Früher hat man viel häufiger Geschichten erzählt. Bevor die Schrift erfunden wurde, sind wichtige Vorstellungen über die Entstehung der Welt und das Leben der Menschen in Form von Mythen von einer Generation an die andere weitergegeben worden. Bei den Ureinwohnern Australiens ist das immer noch so. Auch Vorstellungen, was gut und was böse ist und wie man mit seinen Mitmenschen umgehen soll, sind in Form von Geschichten überliefert worden. Alle Religionen vermitteln moralische Normen in Form von Gleichnissen. Und es gibt Fabeln und Märchen. Deren Sinn liegt zwar nicht immer klar zutage. Aber sie haben in der Regel einen verborgenen Sinn. Ich habe schon häufiger psychologische Interpretationen von Märchen gelesen. Und ich erinnere mich, dass ich solche Bücher gerne gelesen habe.

Es könnte vielleicht nützlich sein, diese Geschichten aufzuschreiben, kommt mir jetzt in den Sinn. Man kann nie wissen, wozu das gut sein könnte. Vielleicht werde ich, statt zu übersetzen, Autorin von Geschichten. Das ist zumindest interessanter als Übersetzen. Und wenn sie mir so leicht zufliegen! Ich muss ja selber gar nichts tun, sondern kann mich einfach in mein Arbeitszimmer auf den Stuhl vor meinen Schreibtisch setzen, meinen Blick in die Ferne schweifen lassen, innerlich ganz loslassen und darauf warten, dass mich eine unbekannte Kraft aufhebt, irgendwo anders hinträgt, wo mir Geschichten erzählt werden. Wahrscheinlich kann ich mein Geld gar nicht einfacher verdienen. Natürlich müssten die Geschichten auch für andere Menschen eine Bedeutung haben. Aber die Geschichten, die ich bisher gehört habe, könnten auch andere interessieren. Ich spüre, wie dieser Gedanke zu einer leichten Anspannung meiner Muskulatur führt, zuerst der mimischen und dann im Schulter- und Brustbereich. Man kann das auch einfacher sagen, nämlich, er zaubert ein Lächeln auf mein Gesicht, ich richte mich auf und fasse den Entschluss, die Geschichten aufzuschreiben.

Mit dieser Beschäftigung habe ich den ganzen Tag zugebracht. Vier Geschichten habe ich aufgeschrieben. Es war gar nicht so einfach, mich an sie zu erinnern. Möglicherweise bin ich abgewichen von dem, was ich gehört habe. Obwohl ich mir beispielsweise Gedichte sehr leicht merken kann. Aber die haben ja auch eine feste Form, an der man das Gedächtnis überprüfen kann. Wenn es sich nicht mehr reimt oder der Rhythmus nicht mehr stimmt, muss irgend etwas falsch sein. Bei Erzählungen ist das schon sehr anders. Beim Aufschreiben der Geschichten habe ich mir auch Überschriften ausgedacht. Die stammen also von mir und nicht von dem Erzähler. Ich hoffe, dass sie passen. Aber das kann ich später noch einmal überprüfen. Es sind also Arbeitstitel. Man kann sie noch ändern. Und vielleicht geht es auch ohne Überschriften. Man kann die Geschichten ja auch durch Nummerieren auseinander halten. Irgendwie finde ich diese Gedanken jetzt ein bisschen überflüssig. Ich weiß nicht, warum sie sich so laut bemerkbar machen, dass ich ihnen zuhören muss? Vielleicht ist es meine Müdigkeit oder mein Hunger. Ich habe tagsüber nicht viel gegessen, ganz einfach, weil ich nicht mehr viel gefunden habe. Ein bisschen Honig hat es noch gegeben. Mandeln waren alle. Aber in einer Schublade habe ich Kekse entdeckt. Die haben ausgereicht, um meinen Magen zu besänftigen. Denn zum Einkaufen hatte ich immer noch keine Lust.

Am nächsten Morgen lasse ich mir kaum Zeit für meinen Fencheltee. Ich bin ganz aufgeregt und freue mich auf eine weitere Geschichte. Kaum sitze ich an meinem Schreibtisch, lege ich meinen Kopf in meine rechte Hand und wandere mit den Augen zu den Usambaraveilchen. Aber da bleiben meine Blicke hängen. Die Blätter meiner Usambaraveilchen sind welk! Ich habe vergessen, sie zu gießen. Damit bin ich herausgerissen aus meinem Bemühen, in Träume zu versinken. Ich hole Wasser und gieße meine Pflanzen. Mein Hibiskus und der Kaktus bekommen auch etwas. Dann setze ich mich wieder und beginne von neuem.

Verflixt, heute ist kein Tag für Träumereien. Es hat geklingelt. Jemand ist an der Tür. Ich spüre ziemlich heftigen Unwillen in mir hochkommen. Ob ich so tue, als ob ich nicht zu Hause bin? Aber diese Möglichkeit verwerfe ich, denn jetzt klingelt es Sturm. Jemand drückt den Klingelknopf und lässt den Finger drauf. Oder hat der Knopf sich festgesetzt? Das ist schon einmal vorgekommen. Wie auch immer. Ich gehe und öffne die Haustür. Draußen steht die Nachbarin von gegenüber und lächelt mich freundlich an. „Oh, Frau ...", schön dass Sie da sind, ich habe mir Sorgen gemacht, irgend etwas könnte nicht in Ordnung sein. Ich habe Sie drei Tage nicht gesehen. Und deshalb wollte ich mich vergewissern, ob es Ihnen auch gut geht. Ich habe Kuchen gebacken. Sicher mögen Sie ein Stück." Mit diesen Worten dringt sie in meine Wohnung ein, ohne dass ich sie darum gebeten habe. Es bleibt mir nichts anderes übrig, als ihr in meine Küche zu folgen. Dort setzt sie sich, wieder unaufgefordert, an meinen Küchentisch und schaut mich freundlich an. „Waren Sie krank?", fragt sie jetzt. „Nein", antworte ich und setze mich auf einen Stuhl ihr gegenüber. „Ich habe gearbeitet. Die Übersetzung, die ich gerade mache, muss in drei Wochen fertig sein. Und deshalb arbeite ich ohne Pause." „Aber Sie müssen doch ein bisschen für sich sorgen. Sie können doch nicht ohne Unterbrechung arbeiten. Das bekommt niemandem. Kommen Sie, probieren Sie meinen Pflaumenkuchen. Der schmeckt Ihnen doch auch. Soll ich einen Kaffe kochen?" „Kaffee habe ich leider nicht mehr", antworte ich. „Und im Moment habe ich auch gar keinen Durst." „Dann mache ich einen Tee", sagt sie und ignoriert meine Ablehnung. „Wo haben Sie den?" Sie ist aufgestanden und füllt meinen Wasserkocher. Die werde ich nicht so schnell wieder los, wird mir jetzt klar. Sie will meine Gesellschaft, um sich zu unterhalten, unter dem Vorwand, für mich zu sorgen. Jetzt muss ich mir alle Neuigkeiten aus der Nachbarschaft oder ihrer Verwandtschaft anhören. Sie hat ein zwanghaftes Bedürfnis zu reden. Offensichtlich kann sie nicht innerlich mit sich selber reden. Sie muss dabei ihre Stimme hören. Nachdem ich ihr den Aufbewahrungsort meiner Fenchelteebeutel verraten habe und sie den Wasserkocher in Betrieb gesetzt hat, geht es los. Sie berichtet und ich höre nicht zu. Die Wörter, die sie jetzt in einem nicht abreißenden Strom über mich schüttet, kommen nur bis zu meinen Ohrmuscheln. Darin stauen sie sich zu einem dumpfen Geraune. Währenddessen schaue ich auf ihren Mund und beobachte, wie er sich bewegt, während sie spricht. Es ist fast wie ein Ballett, wie er sich öffnet, sich in die Breite zieht, sich spitzt und wieder schließt. Sie zieht die Lippen von den Zähnen zurück, macht ein Schnütchen, wobei sich die Lippen kräuseln und viele kleine senkrechte Fältchen sich zwischen Mund und Nase bilden und dann wieder verschwinden. Ich sehe die Bewegungen ihrer Zunge, wie sie vorschnellt und sich wieder zurückzieht. Um nicht unhöflich zu erscheinen, gebe ich zwischendurch ein paar Laute wie „hmm" und „ach" von mir und nicke mit dem Kopf. Der Pflaumenkuchen ist tatsächlich gut und die Vorstellung vom Mundballett eine durchaus geeignete Form, die Redewut meiner Nachbarin zu ertragen. Allerdings wird sie nicht von alleine aufhören, denke ich jetzt, und schaue weiterhin auf ihren Mund. Wenn sie ein williges Ohr gefunden hat, kann sie die Produktion von Wörtern stundenlang durchhalten. Ich überlege, wieviel Zeit ich ihr geben muss, bevor ich dringende Arbeit vorschützen und sie ohne Kränkung hinauswerfen kann. Eine halbe Stunde müsste ausreichen. Es gibt noch andere Nachbarn, die sie zum Zuhören benutzen kann. Ich muss diese Arbeit nicht alleine tun. Allerdings ist es schwierig, während meiner Verfolgung ihres Mundballetts ein Gefühl für die Zeit aufrechtzuerhalten. Und meinen eigenen

Gedanken kann ich dabei nicht nachhängen. Sie würde es an meinen Augen bemerken. Ich weiß, dass sich die Zeit endlos hinzieht, wenn man darauf wartet, dass sie vergeht. Vielleicht kann ich, während ich den Bewegungen ihres Sprechorgans weiter folge, innerlich zählen, um die Zeit richtig einzuschätzen. Dabei bewegen sich meine Augen nicht. Bevor ich diesen Entschluss in die Tat umsetze, dringen jedoch ein paar Reizworte in das Innere meines Ohrs. Sie hat gerade gesagt, dass sie gehen müsse, um einzukaufen und gefragt, ob sie etwas für mich mitbringen solle. Ich starre sie verdutzt an, weil ich damit nicht gerechnet habe und überlege. Wenn sie für mich einkauft, muss ich nicht selber gehen. Aber wenn sie für mich einkauft, kommt sie wieder. Und das dauert dann sehr viel länger. Also danke ich ihr für ihr Angebot und erkläre, am Nachmittag selber einkaufen zu wollen und bedanke mich auch für ihren leckeren Kuchen. Sie steht tatsächlich auf, räumt die Tassen weg und nimmt ihren Teller wieder an sich. Ich weiß aber, dass die Verabschiedung sich noch etwas länger hinziehen wird. Denn auf dem Weg von der Küche zur Haustür fallen ihr etliche Dinge ein, die sie mir auch berichten muss. Am besten ist es, gleich den Abschiedsgruß auszusprechen und die Tür zu schließen. Aber meistens fällt ihr in der Tür trotzdem noch etwas ein, was sie sagen muss. Und darin sind dann wieder Worte, die sie noch auf etwas anderes bringen, was sie mir mitteilen muss. Und es dauert in der Tat noch eine ganze Weile, die sie mit reden verbringt, bis ich endlich ihren Rücken sehe und sie die Treppen vor meiner Haustür hinuntersteigt.

Nachdem ich die Tür geschlossen habe, höre ich wieder die Stille in meinem Haus und fühle, wie gut sie mir tut. Ich kehre zurück in mein Arbeitszimmer und höre es surren. Meine Fliege lebt also noch und hat ihren Kampf mit der gläsernen Wand meiner Balkontür wieder aufgenommen. Und jetzt geht alles ganz leicht, vielleicht, weil ich mich über die Fliege freue. Es ist egal, worüber ich mich freue. Ich freue mich einfach und tauche ein, und es geht ganz schnell, dass ich wieder auf der Bank im Park sitze.

Dieses Mal ist es Tag. Der Ort kommt mir irgendwie bekannt vor. Aber ich kann mich nicht genau erinnern, wo ich diesen Platz schon einmal gesehen habe. Das kann irgendein Park sein. Es gibt hier viele große Bäume, Buchen, Ahorn, Kiefern und Tannen und auch viel Unterholz. Die Bank, auf der ich sitze, steht versteckt zwischen Rhododendronbüschen. Ich bin allein. Aber dieser Ort muss sich in der Nähe einer größeren Stadt befinden. Ich höre ein leises Summen, so wie man Großstadt-verkehr aus einiger Entfernung hören kann. Und ich höre in der Nähe Stimmen, die miteinander reden. Zuerst ist es nur ein Gemurmel. Spaziergänger, denke ich, denn es wird wieder still. Erst die Worte: „Einer der Kameraden hat hässliche Worte über einen anderen gesagt", höre ich so deutlich, dass ich die Stimme des Kindes erkenne. Aber danach wird es wieder still. Und dann höre ich dieselbe Stimme weiter sprechen: „Ich weiß, dass es nicht wahr ist. Aber warum sagt er so etwas?" Das war eine Frage. Das Kind hat eine Frage gestellt. Da muss also noch je-mand sein, der jetzt antworten wird. Ich bin gespannt, ob ich die Stimme des Erzählers vernehmen werde. Und ich fühle mein Herz laut klopfen, als ich höre: „Dazu will ich dir eine Geschich-te erzählen ..." Das ist die Stimme des Erzählers. Ich rühre mich nicht, sondern lausche gespannt, um alles mitzubekommen. Und dies ist die nächste Geschichte:

GEDANKENGLÄSER

In einem Zoo lebten einst zwei Murmeltierkinder, Fips und Fridolin. Sie waren ganz muntere Gesellen, balgten sich und tollten den ganzen Tag umher, sausten hintereinander her durch die Gänge ihres Baus und buddelten im Sand. Eines Tages fanden sie bei ihrer Buddelei zwei seltsam geformte Glasstücke von unterschiedlicher Farbe. Das eine Glas schimmerte in dunkler violetter Farbe, das andere in hellen gelben Tönen. Zuerst spielten sie mit den Gläsern, wie Kinder mit Murmeln spielen, bis sie eines Tages bemerkten, dass die Umwelt sich veränderte, wenn sie durch diese Gläser sahen. Mit dem violetten Glas konnten sie direkt in die Sonne sehen. Sie verdunkelte sich, wenn sie sie dadurch anschauten. Und auch die Bäume und Sträucher ringsum in ihrem Gehege, einfach alles bekam ein merkwürdiges bedrohliches Aussehen. Wenn sie aber durch das andere Glas hindurch schauten, glänzten die Farben der Dinge um sie herum auf, und zwar so intensiv, dass sie ganz munter wurden, noch munterer, als sie sonst schon waren. Mit diesem Glas spielten sie besonders gerne. Richtig übermütig wurden sie, obwohl kleine Murmeltiere auch ohne ein solches Glas viel Spaß am Herumtollen haben.

Eines Tages nun lagen die beiden unter den Sträuchern am Rande ihres Geheges nahe am Zaun und beobachteten die Affen in ihrem Käfig. „Guck dir doch bloß mal diese grässlichen Affenweiber an!", sagte Fips, der durch das violette Glas auf zwei Äffinnen schaute, die sich in der Sonne räkelten und einander lausten. „Diese dreckigen alten Schachteln kratzen sich gegenseitig die Mitesser und Läuse aus dem Pelz.

Und wie die ihren fetten Hintern präsentieren! Und dabei schneiden diese Scheusale Fratzen, dass einem übel werden könnte. Das ist doch widernatürlich. Diese stinkenden Paviane sollte man aus dem Zoo verjagen!"

„Was ist denn mit dir los?", fragte Fridolin ganz entsetzt. So gehässig hast du doch noch nie über jemanden geredet. Die schmusen doch nur miteinander und lausen sich. Das machen wir doch auch."

Vor Schreck fiel dem kleinen Fips das Glas aus der Hand und er starrte seinen Spielgefährten ganz erschrocken an, während er seinen eigenen Worten und dem Klang seiner Stimme hinterherlauschte. „Mein Gott, was habe ich da gesagt?", fragte er jetzt auch entsetzt. „So gemein war ich doch noch nie? Ich habe ihnen Unrecht getan! Wie soll ich das nur wieder gut machen?" Er dachte nach. „Ich kann doch nicht hingehen und mich entschuldigen, denn dann müsste ich ihnen doch mitteilen, was ich Böses über sie gesagt habe und das würde sie erst recht verletzen."

„Komm, reg dich doch nicht auf, sie haben es doch gar nicht gehört", erwiderte Fridolin. „Du musst dich bei ihnen nicht entschuldigen! Dir selbst musst du verzeihen."

Fips schwieg und dachte nach. Und das dauerte eine Weile. „Du hast recht, sie wissen es nicht. Aber dass sie es nicht wissen, ändert nichts daran, dass ich es gesagt habe. Ich kann nichts mehr daran ändern, dass diese bösen Worte in meinen Gedanken aufgetaucht und von mir ausgesprochen worden sind. Mit diesen Worten habe ich aus mir ein kleines hässliches Murmeltier gemacht. Ich kann nie wieder so froh sein wie früher, seit ich weiß, was für böse Gedanken in mir entstehen können."

„Beruhige dich doch", sagte sein Kamerad. „Das warst du doch gar nicht, der das gedacht und gesagt hat, du bist doch gar nicht so böse. Das Glas hat dich verführt, solche bösen Worte zu sagen. Wenn du nicht durch dieses Glas geschaut hättest, wären sie dir gar nicht in den Sinn gekommen."

Fips dachte wieder nach. Und es dauerte wieder eine Weile, weil Murmeltiere manchmal nicht so schnell denken können, besonders wenn sie aufgeregt sind. „Du hast recht, wenn ich nicht durch dieses verdammte Glas geschaut hätte, wären mir solche Gedanken gar nicht gekommen. Gott sei dank!" Er atmete erleichtert auf. „Gott sei dank, dass es das Glas war, das mich so böse Worte sagen ließ." Er schwieg wieder eine Weile und dachte nach. „Aber stell dir vor, ich hätte diese Worte gesagt und hätte nicht dieses Glas, das ich dafür verantwortlich machen kann?"

Die Stimme des Erzählers schwieg. Und sie schwieg eine ganze Weile. Dann hörte ich wieder die Knabenstimme, die sagte: „Mein Klassenkamerad hat kein Glas, das er für seine Worte verantwortlich machen kann. Wenn er diese Geschichte hörte, dann könnte er sich wahrscheinlich nie verzeihen." Danach gab es wieder ein längeres Schweigen. „Doch", entgegnete die andere Stimme. „Innen drin in den Gängen, in denen seine Gedanken kreisen, ist auch so ein dunkles violettes Glas, zumindest etwas, das so wie das dunkle violette Glas wirkt. Dein Klassenkamerad hat auch die Möglichkeit, solche inneren Gläser auszutauschen. Es dauert nur im normalen Leben der Menschen etwas länger als in der Geschichte, ein solches Glas zu erkennen. Aber wenn er es erkannt hat, dann kann er auch lernen, sich zu verzeihen."

Wieder brauchte ich eine Weile, um über diese Geschichte nachzudenken. Dazu ging ich ganz tief nach innen, hörte nur ein leises Rauschen in meinen Ohren und fühlte, wie mein Herzschlag meinen Körper in eine leichte Schwingung versetzte. Aber nicht lange. Aus dem Nachsinnen über das Gehörte lockte mich ein leises Rascheln. Dann vernahm ich Schritte und sah einen kleinen Jungen hinter den Büschen hervorkommen und war überrascht: Denn ich kenne den Knaben, der dort hervorkam. Es war Philip, der sechsjährige Sohn aus dem Nachbarhaus. Seine Familie ist vor kurzer Zeit dort eingezogen. Es ist eine ganz normale Familie, gut bürgerlich, hätte meine Mutter gesagt, wenn sie noch lebte und wäre damit zufrieden gewesen. Sie hat mir immer eingeprägt, dass man – und damit meinte sie mich – auf seinen Umgang achten soll. Gut bürgerlich ist ihrer Meinung nach für mich guter Umgang. Selbstverständlich richte ich mich nicht danach. Im Augenblick weigere ich mich überhaupt, Umgang zu haben. Seit ich alleine bin, merke ich, dass ich anderen Menschen nur schwer zuhören kann. Ich finde das meiste, worüber sie reden, uninteressant, und häufig weiß ich auch gar nicht, worum es geht. Denn ich lese keine Zeitung, höre keine Nachrichten und weiß überhaupt nicht, was in der Welt geschieht. Und ich will es auch nicht wissen.

Aber wie dem auch sei, die Nachbarschaft ist in Ordnung, jedenfalls wäre das die Meinung meiner Mutter gewesen. Der Mann ist Steuerberater und scheint ziemlich viel Stress zu haben. Jedenfalls arbeitet er unermüdlich. Es kommt nicht selten vor, dass er nach dem Abendbrot noch einmal in sein Büro fährt.

Drei Kinder haben er und seine Frau, Philip und ein Zwillings-
pärchen. Philips Mutter hat gerade wieder ihre Arbeit als Lehre-
rin in einer Hauptschule aufgenommen. Ihre Kräfte werden
auch ein bisschen überfordert. Das schließe ich daraus, dass sie
sehr dünn ist und immer ein bisschen blass aussieht. Sie liebt
grüne Hosen und sie rennt. Immer, wenn ich sie sehe, rennt sie,
lacht und kümmert sich. Sie meint damit, dass sie etwas für
andere tut. Ich meine, dass sie dabei vielleicht auch ein bisschen Kummer hat, denn sie vergisst manchmal beim Kümmern,
selber etwas zu essen.

Es ist seltsam, aber über Philip habe ich schon öfter nachgedacht, obwohl er von außen gesehen ein ganz normaler sechsjähriger Junge ist. Er ist für einen Sechsjährigen eher ein bisschen klein und wie seine Mutter zart gebaut. Seine Handge-
lenke sind schmal und seine Hände und Finger feingliedrig. Vor
allem sein Gesicht ist mir aufgefallen. Es ist oval und sieht wie
ein Herz aus, weil ihm eine kleine blonde Haartolle zumeist mitten in die Stirn fällt. Ganz besonders mag ich seine Augen, aus
denen er häufig ein bisschen versonnen in die Welt blickt, so als
liebe auch er es, zu träumen. Er hat einen hübschen weichen
Mund, den er aber nicht oft zum Lachen benutzt. Wenn ich ihm
begegne, sieht er immer ernst aus. Wenn er auf dem Schulweg
ist, trägt er einen roten Anorak und Jeans und hat einen von diesen hässlichen orangefarbenen Tornistern auf dem Rücken, die
kein Autofahrer übersehen kann.

Aber irgendwie scheint Philip ein bisschen anders zu sein als andere Knaben seines Alters. Seine sanften Augen habe ich schon
erwähnt. Und sanft scheint auch sein Wesen zu sein. Beispielsweise zieht er nur eine Augenbraue hoch, wenn die Zwillinge
ihm ein Spielzeug wegnehmen. Einmal sah ich ihn ein Blatt von
einer Brennnessel streicheln, von denen viele hinten im Garten
seiner Eltern wachsen. So etwas machen normale sechsjährige
Jungen in der Regel nicht, aber vielleicht täusche ich mich da

auch. Auch scheint er sich ganz selten zu ärgern. Er bleibt ganz ruhig, selbst wenn die Zwillinge sein Spielzeug kaputt machen oder seine Mutter ein Versprechen nicht einhalten kann. Ja, nicht einmal, wenn der Nachbarjunge ihn vors Schienbein tritt, was ich gesehen habe, wird er laut. Sein Gesicht sieht dann eher so aus, als sei er neugierig. Nur mit Lärm scheint er Probleme zu haben. Seine Mutter hat mir erzählt, dass er an Sylvester, wenn die Knallerei beginnt, in seinem Bett verschwindet und die Decke über den Kopf zieht. Wenn überraschend ein Gewitter aufkommt, kann er sogar in panische Angst geraten. Aufgefallen ist mir vor allem seine Neugier. Er schaut sich die Dinge genau an, hört genau hin, wenn jemand etwas sagt, und über manche Dinge lässt er seine Finger ganz lange streichen, so als wollte er mit ihnen ihr Wesen erfassen. All das weiß ich, weil ich ihn beobachte. An mir scheint er indessen überhaupt kein Interesse zu haben. Er grüßt mich höflich, wenn er mir auf der Straße begegnet oder mich im Garten sieht, aber wahrscheinlich nur, weil er gut erzogen ist. Denn er wendet seinen Blick gleich wieder ab. Nun gut, was soll ein sechsjähriger Junge auch an einer erwachsenen Frau finden, die nicht seine Mutter ist!

Mit seinem Vater scheint Philip nicht so gut zurechtzukommen wie mit seiner Mutter. Manchmal habe ich den Eindruck, der Vater mag seinen Sohn nicht besonders, aber ich weiß, dass es immer schwierig ist, so etwas von außen zu beurteilen. Zumindest haben die beiden Schwierigkeiten miteinander. Philip kann offenbar seinem Vater nichts recht machen. Ich habe schon oft durch die Hecke, die unsere Grundstücke trennt, mit angehört, wie er seinem Sohn ziemlich ungeduldige Anweisungen erteilte. Und Philip scheint Vorschriften nicht gerne ungeprüft annehmen zu können. Er fragt immer nach dem Grund. Und das gefällt seinem Vater nicht. Vielleicht fühlt er seine Autorität untergraben, wenn er seine Aufforderungen begründen soll. Er wird dann wütend und fängt an zu schimpfen. Philip dagegen bleibt ganz ruhig.

Es ist also dieser kleine Philip, für den die Geschichten, die auch ich höre, bestimmt sind. Es gibt also jemanden, der Philip Geschichten erzählt. Aber was kann der Grund dafür sein, dass irgend jemand das tut. Vielleicht ist das Verhalten seines Vaters ein Grund, dass es jemand anderen gibt, der Philips Fragen beantwortet und nicht bloß Anweisungen gibt und schimpft. Aber wer ist dieser andere, der für Philip sorgt? Und warum erzählt er Geschichten? Unerklärlich ist auch, dass dieses Geschehen unter so seltsamen Umständen stattfindet. Und außerdem weiß ich nicht recht, ob diese Geschichten auch für Kinder interessant sind. Aber ich kenne mich da nicht aus. Die ersten Geschichten scheinen mir eher für erwachsene Menschen bestimmt zu sein. Obwohl, wenn ich an die letzte denke, die ich gehört habe, von der kann ich mir durchaus vorstellen, dass sie auch Kindern gefällt. Aber wer ist der Erzähler? Dieser Gedanke will mir nicht aus dem Sinn. Wen trifft Philip, wenn er in den Park geht, und das sogar nachts?! Und warum höre ich auf eine telepathische Art und Weise alles mit, was der Erzähler Philip erzählt? Es bleibt mir ein Rätsel.

Am nächsten Tag, als ich wieder an meinem Schreibtisch sitze und an meiner Übersetzung weiterarbeiten will, nein, das ist falsch, ich will gar nicht an meiner Übersetzung weiterarbeiten. Ich will eine neue Geschichte hören. Und ich setze mich dazu an meinen Schreibtisch, nehme das Buch, das ich übersetzen soll, und rücke es in mein Blickfeld. Ich lehne mich in meinem Stuhl zurück, mache es mir bequem, lausche der Fliege, lasse die Zeilen des Buches vor meinen Augen verschwimmen, lenke meinen Blick auf die Usambaraveilchen, dann durch das Fenster zu den Fliederbüschen, die längst verblüht sind und dann ins Leere. Ich warte darauf, mich von dem Ort, an dem ich mich befinde, zu lösen und wieder in den Park auf die Bank zu gehen. Und als ich wieder auftauche, bin ich dort, höre das Rauschen in den Baumkronen und vernehme die helle und melodische Stimme des Erzählers:

ZEHN URTEILE

Vor langer, langer Zeit geschah im dunklen Wald in der Nähe einer Burg ein Mord. Ein reisender Kaufmann wurde erschlagen und beraubt. Man ergriff eine Frau als Komplizin des Mörders und stellte sie in der nahen Stadt an den Pranger. Das Volk lief zusammen, um diese Verbrecherin anzuschauen, Entsetzen über diese so heimtückische Tat zu empfinden und seine Abscheu zum Ausdruck zu bringen.

„Seht euch diese abscheuliche Frau an!", sagte eine Bürgerin. „Ihre Hände sind voller Blut und sie trägt den Kopf erhoben! Wie gemein sie ausschaut!"

„Heimtückisch ist sie", sagte eine andere. „Schaut ihre Augen an. Sie leuchten falsch und verschlagen. Sie kennt keine Ehre."

„Sie ist gierig", bemerkte ein Geselle. „Schaut, wie sie angezogen ist. Ein einfaches Gewand reicht ihr nicht, um sich zu kleiden. Sie muss sich schmücken. Da soll sich so eine wohl aufs Rauben verlegen, um solche Gewänder zu tragen."

„Und hochmütig ist sie! Die traut sich nicht, einem ins Gesicht zu schauen. Wie kann man eine solche Tat begehen und keine Reue zeigen!", rief ein Flickschuster.

„Ja, sie muss eine völlig gefühllose Frau sein. Die kennt kein Mitleid. Schaut, wie hart ihr Blick ist!", sagte eine Mutter.

„Ich denke, sie ist eher eine arme Frau. Allein ist sie nicht auf diese Tat verfallen. Ein Mann muss sie verführt haben. Vielleicht ist sie ihm aus Liebe gefolgt", sagte die Nachbarin.

„Das glaube ich nicht", sagte der Advokat, der neben ihr stand. „Die ist viel zu schön, um einem Manne anzuhängen.

Die ist um einige Taler zu haben. Das wette ich!"

„Was mag sie wohl in diese Lage gebracht haben?"; dachte ein junges Mädchen. „Sie ist eine wunderschöne Frau. Ihre Stirn ist hoch und klar." Und sie sagte: „Wahrscheinlich hat sie den Mörder geliebt und gar nicht gewusst, mit wem sie sich einließ."

„Die ist nicht von bürgerlicher Herkunft"; bemerkte der Wundarzt. „Ihre Züge verraten, dass sie ein Leben gewöhnt ist, in dem man sich nicht mit niederen Dingen beschäftigen muss. Auch ihre Hände zeigen keine Spuren von Arbeit. Ja, der Müßiggang ist aller Laster Anfang. Und dann endet es so!"

„Ihr Antlitz verrät, dass sie denken gelernt hat"; fügte der Lehrer hinzu. „Sie schaut aus wie eine gebildete Frau. Aber auch die Bildung schützt nicht vor den Schlägen des Schicksals!"

Da hörte man Pferdegetrappel und einen Wagen. In dem brachte man einen Mann. Der hatte die Tat gestanden. Die Dame befreite man eilig vom Pranger. Den Bürgermeister der Stadt sah man sich vielmals verbeugen und ihr die Hand küssen. Dann wurde verkündet, man habe in ihr die falsche Person verdächtigt, weil man sie über den Gemordeten gebeugt vorfand. Diese Dame aber sei, das wisse man jetzt, zu Gast beim Burgherrn und habe den zunächst schwer Verletzten und dann zu Tode Gekommenen gefunden und versucht, ihn noch zu retten.

Das Volk verlief sich. Zurück blieb ein junger Bursche, der all diese Worte aus dem Munde der Zuschauer gehört hatte und ins Nachsinnen verfallen war. „Alle diese Urteile waren falsch"; dachte er. „Sie hatten nichts mit der Dame zu tun. Aber es waren Gedanken, die in menschlichen Köpfen hervorgebracht wurden, Gestalt annahmen und als Worte in die Welt gesetzt wurden. Über wen, wenn nicht über die Dame, sagen sie etwas aus?"

Aus den Gedanken, die diese Geschichte in mir auslösten, holte mich ein Rotkehlchen, das sich ganz gegen die Scheu, die Vögel gegenüber Menschen sonst zeigen, in ungefähr einem halben Meter von mir entfernt auf der Bank niedergelassen hatte und mich aus seinen dunklen Augen ansah. Rührung stieg in mir auf, dass jetzt sogar ein kleiner scheuer Vogel mir Beachtung schenkte, und ich verhielt mich ganz still, um ihn nicht zu erschrecken und dieses Erlebnis noch etwas länger zu genießen, als ganz plötzlich eine Erscheinung vor mir auftauchte. Es war wirklich eine Erscheinung. Sie tauchte aus dem Nichts auf, so wie man sich vorstellen kann, dass ein Geist sich materialisiert. Zuerst war es in der Tat nur ein Schein mit unklaren Umrissen. Dann tauchten Farben und deutlichere Konturen auf und dann sah ich ihn. Das musste der Erzähler sein. Es ist in der Tat ein Mann. Er ist nicht größer als Philip. Aber er ist doch ein erwachsener Mann. Er ist ein Zwerg. Er trägt einen dunkelblauen Anzug aus einem glänzenden geschmeidigen Material. Es könnte Seidensatin sein. Die Jacke ist weit, hat einen großen Kragen und wird mit einem großen roten Knopf am Hals geschlossen. Am auffallendsten ist seine Mütze. Sie sieht aus wie eine Pudelmütze, allerdings hat sie vier ganz lange Troddel in unterschiedlichen Farben, rot, blau, grün und gelb. Der Erzähler schaute mich an. Er sagte nichts, schaute mich bloß an mit, wie mir schien, freundlichen Augen. Und es war etwas wie eine Verständigung mit mir in seinem Blick, obwohl ich überhaupt nichts verstand, sondern nur völlig verwirrt auf diese Erscheinung sah. Dann verschwand sie wieder.

Als meine Verwirrung sich gelegt hatte, befand ich mich mit allen Sinnen wieder in meinem Arbeitszimmer. Das also war der Erzähler, ein Zwerg in einer sonderbaren Kleidung. Aber irgendwie kommt mir seine Gestalt trotzdem bekannt vor. Nicht, dass ich sie schon einmal in Wirklichkeit gesehen hätte. Aber halt, doch! Jetzt erinnere ich mich. Ich habe irgendwann einmal einen Film gesehen, in dem solche Zwerge vorkamen. Es war in einem Hotel. Dort waren zwei Frauen und ein Knabe abgestiegen. Die Frauen hatten Probleme miteinander, und der Knabe wanderte derweilen allein durch das Hotel und traf diese Gruppe kleiner Menschen. Sie gingen sehr höflich mit dem Knaben um, wie mit einem Erwachsenen, verbeugten sich, als sie sich vorstellten und sprachen ganz ernsthaft mit ihm. Aber sie waren ganz anders angezogen. Keiner von ihnen hatte eine solche Mütze. Aber auch die Mütze kommt mir irgendwie bekannt vor. Wo habe ich bloß schon einmal eine solche Mütze gesehen? Jetzt tauchte in den Windungen meines durcheinander geratenen Gehirns ein Bild auf. Richtig! Es war eine Narrenkappe. Der Erzähler muss ein mittelalterlicher Hofnarr sein. Mein Gott, ist das alles verrückt, was ich erlebe, wenn ich eigentlich meine Übersetzungen schreiben sollte. Um meine Vermutung zu überprüfen, ziehe ich ein Lexikon zu Rate. Dort steht unter Hofnarr: Spaßmacher an Fürsten- und Adelshöfen. Schon im Altertum gab es sie, um den hohen Herren bei der Tafel die Zeit zu vertreiben. Nach den Kreuzzügen verbreiteten sie sich in ganz Europa und gehörten seit dem fünfzehnten Jahrhundert zu einem vollständigen Hofstaat. Entweder waren sie gebildete Männer, die das Vorrecht hatten, durch beißenden Witz und geistreichen Tadel die Gesellschaft zu unterhalten und unangenehme Wahrheiten zu sagen, oder es waren Zwerge, über die man sich lustig machte. Für Hofnarren war eine besondere Tracht Vorschrift, eben die Narrenkappe, eine Kapuze mit rotem Hahnenkamm, Eselsohren und Schellen, dann das Narrenzepter, eine Art Keule mit Narrenkopf, und ein breiter Halskragen.

Nun, mein Narr unterscheidet sich in seiner Tracht von dieser Beschreibung. Aber dennoch, es ist nicht zu übersehen, dass ich wesentliche Bestandteile dieser Narrentracht an ihm erkannt habe: der breite Kragen und eine Narrenkappe. Aber mein Narr ist sicher kein Spaßmacher, obwohl, ... er muss auf jeden Fall über Bildung verfügen, sonst könnte er keine Geschichten erzählen. Und überhaupt, er muss ja nicht dem entsprechen, was in meinem Lexikon über Hofnarren steht. Es reicht, einfach wahrzunehmen, wie ich ihn erlebe und auch so zu beschreiben, nämlich als einen Mann mittleren Alters von der Größe eines sechsjährigen Kindes, mit einem dunkelblauen Seidenanzug mit weiter Jacke und breitem Kragen und einer Mütze mit vier langen Troddeln in den Farben rot, blau, grün und gelb.

Aber warum erzählt der Narr Geschichten. Sicher will er damit etwas bewirken. Und bei wem will er etwas bewirken? Mein erster Gedanke ist Philip. Aber ich höre ja auch diese Geschichten. Vielleicht will er auch bei mir etwas bewirken. Die mittelalterlichen Narren üben Kritik. Dieser hat das bisher nicht getan. Er erzählt Geschichten. Und Geschichten sind vielleicht sogar nützlicher als Kritik, wenn man etwas bewirken will. Geschichten vermitteln Menschen Gedanken, und zwar eigene Gedanken. Aus Geschichten kann man selber Einsichten gewinnen. Vielleicht sollen diese Geschichten Philip und mir etwas vermitteln. Das wollen auch Religionen, wenn sie mit Mythen und Gleichnissen arbeiten.

Ich werde herausfinden, warum der Narr Geschichten erzählt. Bis jetzt sieht es nicht so aus, als hätte ich die letzte Geschichte erfahren. Ich werde morgen, bevor ich meine Arbeit mit der Übersetzung beginne, wieder an diesen Ort im Park gehen. Oder soll ich es gleich tun? Aber irgendeine Stimme in mir sagt mir, dass ich nichts überstürzen solle. Jeden Tag eine neue Geschichte zu hören, sei völlig ausreichend. Geduld ist sicher angemessen. Und außerdem, wenn ich nicht gleich weitermache, kann ich mich länger darauf freuen. Also mache ich mich jetzt an meine Arbeit.

Den ganzen Tag habe ich gestern mit Arbeit verbracht. Es ist sicher nicht sehr interessant, darüber zu berichten, außer, dass es mir leicht gefallen ist. Ich fand auch Zeit, mir ein Essen zu kochen. Und zwischendurch habe ich sogar einen Spaziergang gemacht. Von der Umgebung, durch die ich gewandert bin, habe ich zwar nicht viel gesehen, weil ich in Gedanken war, aber immerhin habe ich mich an frischer Luft bewegt. Das ist etwas Neues. Irgendwie werde ich auch ruhiger. Ich habe gut geschlafen, und das ohne mein Ritual. Eben habe ich gefrühstückt und sitze jetzt wieder an meinem Schreibtisch, um den Ort zu wechseln. Und es geht ganz leicht, loszulassen, nach innen zu gehen und dort wieder aufzutauchen. Und wieder bin ich dort, auf der Bank im Park, verborgen von Rhododendronbüschen. Über mir rauscht es in den Baumkronen und ich höre die Stimme des Narren:

EINRICHTUNGEN

Ein reicher Kaufmann war mit seinem Diener unterwegs und wurde von einem Räuber überfallen. Ein Knabe war Zeuge dieses Raubs. Als das Urteil ergangen war, fragte der Knabe den Räuber: „Warum hast du das getan?" „Ich brauchte Geld", antwortete der Räuber. „Und was wolltest du mit dem Geld anfangen?"; fragte der Knabe. „Ein Fest feiern mit meinen Freunden"; antwortete der Räuber. „Und was wolltest du erreichen mit diesem Fest?"; fragte der Knabe. „Dass meine Freunde mich anerkennen und mögen"; antwortete der Räuber. „Und was bringt dir die Anerkennung und Liebe deiner Freunde?" „Glück!"; sagte der Räuber. „Und bist du glücklich?"; fragte der Knabe. „Nein", erwiderte der Räuber und man führte ihn ab.

Daraufhin wandte sich der Knabe an den Kaufmann und fragte: „Du bist reich, was bringt es dir ein, dass du so viel Geld hast?" „Macht bringt es mir ein", sagte der Kaufmann. „Und wozu ist sie gut, diese Macht?"; fragte der Knabe. „Dass ich anderen befehlen kann", sagte der Kaufmann. „Und was ist gut daran, dass du anderen befehlen kannst?" „Die Achtung, die sie mir entgegenbringen", sagte der Kaufmann. „Und was bringt dir die Achtung der anderen ein?"; fragte der Knabe. „Glück", erwiderte der Kaufmann. „Und bist du glücklich?"; fragte der Knabe. „Nein", antwortete der Kaufmann.

Und der Knabe wandte sich an den Diener: „Du dienst dem reichen Kaufmann. Warum tust du das?" „Ich diene um Lohn"; antwortete der Diener. „Und was machst du mit dem Lohn";

fragte der Knabe. Ich nehme den Lohn, um meiner Familie zu geben, was sie braucht", erwiderte der Diener. „Und was ist dir wichtig daran, deiner Familie zu geben?", fragte der Knabe. „Ihre Liebe", sagte der Diener. „Und was bringt sie dir ein, die Liebe deiner Familie?", fragte der Knabe. „Glück", antwortete der Diener. „Und bist du glücklich?", fragte der Knabe. „Zuweilen", sagte der Diener. „Aber diese Augenblicke sind selten."

Der Knabe war verwirrt und dachte bei sich: „Sie tun so verschiedene Dinge und wollen alle dasselbe erreichen, aber sie erreichen es alle nicht. Warum richten sie ihr Leben so schlecht ein?"

Die letzten Worte waren noch nicht lange verklungen, als ich ein Rascheln und Schritte aus der Richtung hörte, von wo ich die Stimme des Erzählers vernommen hatte, und ich sah Philip und den Narren auf mich zukommen. Beide begrüßten mich, indem sie leicht den Kopf neigten. Ich glaube, ich muss nicht sehr intelligent ausgesehen haben, denn ich fühlte meinen Mund offenstehen, besann mich dann aber, um ihren Gruß auf die gleiche Weise zu erwidern. „Ich sehe", hob der Narr zu sprechen an, „dass du Gefallen an meinen Geschichten findest. Philip und ich, wir würden uns freuen, wenn du bei unserer nächsten Zusammenkunft dabei wärest." „Vielen Dank, ich komme gern!", entfuhr es mir, ohne dass ich nachgedacht hatte. Und ich sah die beiden, wie sie nochmals den Kopf neigten. Und dann waren sie verschwunden. Sie waren nicht fortgegangen, sondern hatten sich in Luft aufgelöst. Aber vielleicht hatte auch ich mich in Luft aufgelöst. Denn im nächsten Augenblick fühlte ich wieder meinen Schreibtischstuhl unter mir. Ich war ziemlich tief hineingesunken, so als wäre ich eingeschlafen. Nun ich weiß, ich habe nicht geschlafen, sondern nur geträumt. Aber ich bin aufgewacht, wie wenn ich geschlafen hätte.

Und ich bin mit einem Gefühl aufgewacht, das ich kaum beschreiben kann. Ich fühle mich wie elektrisiert oder besser, als ob ich den Rhythmus meines Blutes spüren könnte, wie es durch meine Adern pulsiert. Natürlich kann ich das nicht. Aber irgendetwas in mir ist völlig anders. Ich könnte es auch ganz banal ausdrücken: Ich bin aufgeregt, das nächste Mal dabei sein zu dürfen. Aber das ist mir zu banal. Mit welchen Worten beschreibe ich nur, was da jetzt anders ist. Ich bin auf eine seltsame Weise wach und empfindlich. Das ist fast so wie früher, wenn ich mich verliebte. Dann war schlagartig alles anders. Natürlich war da nichts in meiner Umwelt anders. Ich war anders. Einmal habe ich sogar erlebt, dass es wirklich geknallt hatte. Vielleicht erleben andere Menschen das auch so. Man sagt ja auch, dass man sich verknallt, wenn man sich verliebt. Und so etwas habe ich auch einmal erlebt, als ich mich verliebte. Wahrscheinlich war das ein Adrenalinstoß, der den ganzen Körper aufweckte und Wellen von Kribbeln durch alle Glieder schickte. Ich bin dann erst mal geflohen, um mit diesem Zustand fertig zu werden, weil ich befürchtete, alle Leute müssten das merken. Und ich wollte nicht, dass irgend jemand wusste, wie es um mich stand. Mein Gott, wenn ich daran denke, wie aufgewühlt ich immer war, wenn es mich erwischt hatte, so, als würde ich dadurch erst richtig lebendig. Alle Wahrnehmungen wurden intensiver, die Farben bunter, ich bildete mir ein, ich könnte besser hören und hatte auch den Eindruck, dass sich in dem Zustand auch mein Geruchs- und Geschmacksempfinden intensivierte. Und mein Körper fühlte sich ganz anders an. Ich war voller Erwartung, so als würde das Leben erst jetzt beginnen, so als wäre ich vorher überhaupt nicht lebendig gewesen. Und dieser Zustand hielt lange an, trotz der pessimistischen Gedanken, die gleichzeitig einsetzten. Mach dich bloß nicht lächerlich, war die Befürchtung, die sofort das Regiment übernahm. Bilde dir bloß nichts ein! Wie soll dieser Mann sich für dich interessieren? Was ist schon Besonderes an dir, dass jemand dich wählen würde! Aber wie gesagt, das nutzte nichts. Gegen diese verdammten Hormone helfen keine Gedanken. Es hat immer eine sehr lange Zeit gedauert, wenn der Stromstoß einmal in meine Glieder gefahren war, bis der Vorrat an Energie verbraucht und die Aufregung abgeklungen war. Zurück blieb ein Traum, irgendwann einmal jemanden zu treffen, der sagen würde: Du bist mein Leben. Leider hat das niemand gesagt. Bis heute hat das niemand gesagt, und mit jedem Jahr wird die Hoffnung, diese Worte einmal zu hören, ein bisschen kleiner. Vielleicht soll es nicht sein in diesem Leben.

Der Zustand, in den mich die Einladung des Narren versetzt hatte, hielt, wie ich es aus früheren Erfahrungen kannte, ziemlich lange an. Er ermöglichte mir, nicht nur mit meiner Übersetzung ein gutes Stück voranzukommen, sondern auch, einkaufen zu gehen und mir eine richtige Linsensuppe zu kochen, nach französischem Rezept mit Rotwein und Nelken. Als ich mein Geschirr abgewaschen hatte, überlegte ich mir, wann denn das nächste Treffen stattfinden sollte. Darüber hatte der Narr nichts gesagt. Wie soll ich das also wissen? Vielleicht erst morgen, oder schon heute? Und wie soll ich das jetzt allein herausfinden? Kann ich den Zeitpunkt bestimmen, indem ich einfach versuche, Kontakt aufzunehmen? Wenn ich mich jetzt an den Schreibtisch setze und meinen Blick ins Leere lenke und die unbekannte Kraft mich aufhebt und in den Park bringt, würden die beiden dann dort sein? Und wenn das so wäre, dann könnte ich ja doch selber den Zeitpunkt bestimmen. Also wäre das alles doch nur mein Erleben und nichts Wirkliches? Wann soll ich hinübergehen, frage ich mich und zögere. Jetzt gleich? Das ist vielleicht ziemlich aufdringlich. Meine Gedanken beginnen zu trudeln, was ich mir ja abgewöhnen wollte, und deshalb beschließe ich jetzt, es einfach zu versuchen. Immerhin ist mir jetzt danach. Und ich werde ja erleben, was geschieht. Wenn es nicht geht, warte ich eben bis morgen. Was soll's.

Und es ging. Nachdem ich meinen Blick ins Leere gerichtet hatte und die Geräusche in meinem Arbeitszimmer schwächer geworden waren, das Gefühl, auf meinem Stuhl zu sitzen, sich langsam verloren hatte, finde ich mich im Park wieder, und zwar an einer anderen Stelle. Ich sitze auf dem Moos, mit dem Rücken an einen Baumstamm gelehnt. Neben mir sitzt Philip. Vor mir taucht die Gestalt des Narren auf. Er lächelt, schaut uns lange an und schweigt. Auch wir beide schweigen. Und dann beginnt er ganz einfach:

DAS KLEINE GLÜCK

Es war einmal ein kleines Glück, das durch die Welt trieb, immer auf der Suche nach jemandem, der es wirklich glücklich machen könnte. Es dachte, dass es nicht selber glücklich sein könnte, denn es war allein. Und allein, so dachte das kleine Glück, könnte es nicht glücklich sein. Es war also ein trauriges kleines Glück, weil es noch niemanden gefunden hatte, der es wirklich hatte glücklich machen können. Und deshalb war es ein unglückliches kleines Glück.

Da begegnete das kleine Glück dem Reichtum. Der bot ihm seine Hand. Das kleine Glück war voller Freude, endlich jemanden gefunden zu haben, der es glücklich machen wollte. Und der Reichtum breitete seine Schätze vor ihm aus und lud es ein, sie zu genießen. Und das kleine Glück kleidete sich in Samt und Seide, schwelgte an reich beladenen Tafeln, ging tausend kostspieligen Vergnügungen nach, bevor es merkte, dass der Reichtum es nicht wirklich glücklich machen konnte. Und es verließ den Reichtum, um weiter nach jemandem zu suchen, der es wirklich glücklich machen könnte.

Da begegnete das kleine Glück dem Ruhm. Der lud es ein, sich mit ihm zu verbinden und bot ihm seine Hand. Das kleine Glück war voller Freude. Und der Ruhm reichte ihm seinen Arm und führte es auf ein hohes Podest, wies auf die Bewunderer, die unten standen, in die Hände klatschten und jubelten. Aber das kleine Glück bemerkte wieder sehr bald, dass auch der Ruhm es nicht wirklich glücklich machen konnte. Und so verließ es ihn, um weiter zu suchen.

Da begegnete das kleine Glück der Macht. Auch sie lud es ein, sich mit ihr zu verbinden und bot ihm ihre Hand. Wieder war das kleine Glück voll freudiger Erwartung. Und die Macht bot ihm einen Platz auf ihrem Thron und ließ alle Minister aufmarschieren und das kleine Glück ihnen befehlen. Die Minister nahmen die Worte des kleinen Glücks entgegen, verneigten sich und eilten, sie auszuführen. Aber das kleine Glück bemerkte wieder, dass auch die Macht es nicht wirklich glücklich machen konnte.

Lange suchte das kleine traurige Glück weiter, ob es nicht doch irgend jemanden finden könnte, der es wirklich glücklich machen konnte, bis es dem großen Zauberer begegnete und ihm sein Leid klagte. Der große Zauberer lächelte das kleine Glück aus freundlichen Augen an und sprach: „Ich habe einmal einen kleinen Stern gekannt, der war so unglücklich wie du es bist und trieb voller Unruhe durch das Weltall auf der Suche nach einer Sonne, weil er glaubte, er könne nur dann leuchten, wenn eine Sonne ihn mit ihrem Schein anstrahlte." Das kleine Glück war erstaunt über die Worte des Zauberers und fragte: „Du sprichst von einem Stern, der glaubte, nur durch die Strahlen einer Sonne leuchten zu können?" „Du hast mich richtig verstanden", erwiderte der Zauberer. „Das verstehe ich nicht", sagte das kleine Glück. „Wenn er ein Stern war, konnte er doch von ganz alleine leuchten." „Da hast du recht", sprach daraufhin der Zauberer. „Und ich kannte auch eine Blume, die war genau wie der Stern unglücklich und wollte nicht blühen, weil sie dachte, sie bräuchte die bewundernden Augen eines Menschen, um wirklich erblühen zu können." „Du sprichst von einer Blume, die glaubte, nur durch den Blick eines Menschen erblühen zu können?" fragte das kleine Glück. „Du hast mich richtig verstanden", erwiderte der Zauberer. „Das verstehe ich nicht", sagte das kleine Glück. Eine Blume kann ohne bewundernde Blicke blühen." „Da hast du recht", sprach daraufhin der Zauberer und sah ihm freundlich in die Augen. Aber das kleine Glück wendete sich ab und sagte mit trauriger Stimme: „Auch du kannst mich nicht glücklich machen." „Da hast du recht", sprach der Zauberer und sah das kleine Glück davoneilen.

Wir alle schwiegen, nachdem der Narr die letzten Worte gesprochen hatte. „Ist das das Ende der Geschichte?", fragte Philip. „Ja," antwortete der Narr. „Das ist das Ende." „Dann hat das kleine Glück nichts begriffen?", fragte Philip. „Du hast recht, es hat nichts begriffen", antwortete der Narr. Und wieder breitete sich ein langes Schweigen aus, bis Philip ganz leise, und es klang wie ein Hauch, sagte: „Vielleicht sind deshalb so viele Menschen unglücklich, weil sie nicht aufhören können, das, was sie ersehnen, von anderen zu erwarten, statt es in sich selbst zu entdecken."

Als ich nach diesem Erlebnis wieder in meinem Arbeitszimmer auftauchte, war ich total verwirrt. Und es ist nicht die Geschichte, die mich so durcheinander gebracht hat. Als der Narr sie beendet hatte, schwiegen wir lange. Philip drehte einen Grashalm zwischen seinen Fingern und schaute ins Weite. Ich hatte meine Hände in den Schoß gelegt, betrachtete das Muster der Linien in den Innenflächen und ließ meine Gedanken ihre eigenen Wege gehen. Irgendwann fühlte ich den Blick des Narren auf mir ruhen und kehrte aus den verschlungenen Bahnen meiner Gedanken wieder zurück. „Wo kommt ihr her?", fragte ich, ohne vorher überlegt zu haben. Und was ich daraufhin erfahren habe, lässt mich jetzt doch an meinem Verstand zweifeln. Träume ich das alles oder spinne ich bereits? Solange ich mir nur eingebildet hatte, an einem anderen Ort zu sein und dort Geschichten zu hören, war alles für mich noch in Ordnung. Aber was ich dann gehört habe, macht mich jetzt doch ein bisschen nervös, was die Einschätzung meines geistigen Zustandes angeht. Wenn man einsam ist, kann man natürlich auch verrückt werden. Und was ich über Philip erfahren habe, ist für normale Menschen wirklich verrückt. Allerdings, mir fällt gerade etwas ein, denn ich kenne mich ein bisschen in Psychiatrie aus durch die Bücher, die ich übersetzen muss. In einem dieser Bücher, die ich übersetzt habe, stand, ich erinnere mich genau, dass man erst dann richtig verrückt ist, wenn man nicht mehr weiß, was andere Menschen über das eigene Erleben denken würden, wenn man also die Wirklichkeit, in der die anderen Menschen leben, nicht mehr teilen kann. Und das kann ich immerhin noch. Ich weiß, dass alles, was ich von den beiden erfahren habe, nicht erklärbar ist und dass kein Mensch mir das glauben würde, wenn ich es so erzähle, wie ich es erlebt habe.

Ich muss also davon ausgehen, dass das, was ich erlebe, mein eigener Traum ist, auch wenn ich es wie real erlebe. Und dafür gibt es auch eine gute psychologische Erklärung. Was ich mir da einbilde, hängt sicher mit meiner gegenwärtigen Situation zusammen. Ich bin ziemlich unglücklich, seit ich allein bin. Und ich suche nach einem Sinn, weil ich den irgendwie gerade jetzt brauche. Es gibt im Augenblick nichts, was mich glücklich machen könnte. Und wenn man unglücklich ist, braucht man wenigstens einen Sinn im Leben. Mir geht es jedenfalls so. Aber um einen Sinn im Leben zu erkennen, muss man sowieso ziemlich viele Gedankenverrenkungen machen. Mit Gedankenverrenkungen meine ich unlogische Antworten, Antworten, die in der Schule im Physikunterricht nicht zugelassen werden. Aber jede Religion, das denke ich jetzt, ist auch nichts anderes als eine solche Gedankenverrenkung. Die christliche Dreieinigkeit kann man auch naturwissenschaftlich nicht erklären. Dass Jesus von einer Jungfrau geboren wurde und Wasser in Wein verwan-

delte, kann man auch nur glauben. Für jeden rational denken-
den Menschen ist das eine Metapher. Mit der nach naturwissen-
schaftlichen Gesetzen ablaufenden Wirklichkeit hat das nichts
zu tun.

Diese Gedanken beruhigen mich jetzt ein bisschen. Auf dieser
Suche nach dem Sinn des Lebens habe ich mich schon mit den
verschiedensten Religionen und Weltanschauungen beschäftigt
und festgestellt, dass alle auf die Fragen nach der Entstehung
der Welt, des Lebens und dem Sinn des Lebens nur Antworten
anzubieten haben, die man glauben muss. Im Grunde kann man
sich aussuchen, was gerade zu einem passt. Ich habe seltsamerweise in den Mythen der australischen Ureinwohner einige Auf-
fassungen gefunden, die mich beeindruckt haben. Beeindruckt
ist das falsche Wort. Es ist eher so, dass ich beim Lesen der Bücher des öfteren gedacht habe, es wäre schön, wenn es so wäre,
beispielsweise, dass die Seelen der Kinder sich vor ihrer Geburt
ihre Eltern selber aussuchen. Australische Ureinwohner lernen
auch, andere Menschen nicht zu beurteilen, sondern nur wahrzunehmen. Sie gehen davon aus, dass alle Menschen ein Recht
haben, so zu sein wie sie sind. Leider hat diese Überzeugung
auch dazu geführt, dass sie sich gegen die weißen Einwanderer
nicht wehren konnten.

Aber ich will jetzt niederschreiben, was ich über Philip erfahren
habe. Und ich will es so berichten, wie ich es erfahren habe.
Vielleicht kann ich mich im Nachhinein darum bemühen, dem
eine Form zu geben, die nicht so verrückt erscheint, so dass
mich nicht alle Leute für eine Närrin halten oder Schlimme-
res. Philip ist genauso auf die Welt gekommen, wie ich es mir
manchmal gewünscht habe. Gewünscht ist dabei zu viel gesagt,
aber ich habe hin und wieder gedacht, dass es schön wäre,
wenn es so wäre, nämlich, dass ich mich vor meinem Leben für
dieses Leben entschieden hätte, weil es für mich eine Aufgabe
gegeben hätte, oder jemand anders hätte mir eine Aufgabe ge-

stellt, die ich hätte erfüllen wollen. Philip hat sich, so habe ich erfahren, vor seinem Leben genau für dieses Leben entschieden. Woher er kommt, ist mir nicht gesagt worden, oder es ist mir entgangen. Aber er ist aus eigenem Entschluss hierher gekommen, um Erfahrungen zu machen, insbesondere um eine Schule der Gefühle durchzumachen und um seine Fähigkeiten auszubilden.

Philip hat es also besser getroffen als ich. Damit meine ich nicht, dass er besser zurechtkommt in dieser Welt. Das kann man noch nicht sagen, denn er ist ja noch sehr jung. Aber er hat im Gegensatz zu mir sein Gedächtnis von seiner Entscheidung bewahrt. Er weiß, dass er von anderswo hierher gekommen ist. Und er hat jemanden mitgebracht, der ihm hilft, sich hier zurechtzufinden, nämlich den Narren. Ich muss zugeben, dass diese Schilderungen schon ziemlich merkwürdig klingen. Aber ich kann wieder nur versichern, dass ich sie so erfahren habe, wie ich es hier wiedergebe, obwohl ich die Möglichkeit, dass ich das alles nur träume, immer noch aufrechterhalten möchte. Zumindest will ich hier nochmals betonen, dass ich weiß, dass das alles sehr verrückt klingt.

So, das sind die wichtigsten Informationen, die ich bei dem letzten Treffen mit Philip und dem Narren erfahren habe. Wenn ich jetzt davon ausgehe, dass das stimmt, in dem Sinne, dass es zumindest eine mögliche Form von Wirklichkeit ist, dann frage ich mich jetzt allerdings, warum er gerade diesen Stern, diese Zeit und diese Gesellschaft gewählt hat. Diese Frage habe ich mir selber schon oft gestellt, wenn ich davon ausging, dass ich ebenfalls einen solchen Entschluss gefasst haben könnte. Für mich jedenfalls ist diese Gesellschaft, in der wir gerade leben, kein passender Ort, um eine Schule der Gefühle durchzumachen. In dieser Gesellschaft geht es überhaupt nicht um menschliche Gefühle und auch nicht um die Ausbildung menschlicher Fähigkeiten, sondern um Geld. Es geht um Produktion und Verkauf.

Und von der Produktion kann man sagen, dass sie auf menschliche Gefühle und menschliche Talente keine Rücksicht nimmt. Und vom Verkauf kann man sagen, dass menschliche Gefühle dazu nur benutzt werden. Und was da produziert wird, ist im großen Maße auch nur eine Ersatzbefriedigung menschlicher Bedürfnisse. Und diese verkehrte Welt soll Philip gewählt haben? Ich werde das nächste Mal fragen müssen, weshalb diese Welt eine sinnvolle Schule zur Ausbildung menschlicher Gefühle und Talente sein soll. Andere Zeiten wären da vermutlich sehr viel besser geeignet, die Antike beispielsweise. Aber da sollte man auch vorsichtig sein. Damals gab es zwar viele Ideale, aber auch Sklaven. Und wenn man sich in eine andere Zeit wünscht, müsste man immer damit rechnen, dass man auch nicht immer in den höheren Rängen der gesellschaftlichen Hierarchie landet.

Ich merke, dass ich nach diesem Erlebnis ganz schön mitgenommen bin. Alles was ich erfahren habe, verwirrt mich. Und Verwirrung kostet Kraft. An Übersetzen kann ich gar nicht denken, dazu bin ich viel zu müde. Gott sei dank habe ich genügend eingekauft, so dass ich mir jetzt ein Essen machen kann. Und dann gehe ich ins Bett, lange schlafen. Das Träumen sollte ich vielleicht ein bisschen aufschieben, bis sich wieder Klarheit in meinem Kopf eingestellt hat.

Am nächsten Morgen bin ich ausgeschlafen, ruhig und voller Energie und Vorfreude. Aber ich lasse mir Zeit, meinen Kaffee zu trinken und dabei aus dem Fenster auf die Straße zu schauen. Philip kommt gerade vorbei auf seinem Weg in die Schule. Er trägt seinen orangefarbenen Tornister auf dem Rücken. Ich klopfe ans Fenster und winke. Er schaut auf zu mir, erkennt mich und, merkwürdig, er grüßt zwar freundlich, aber nicht so, wie ich nach unserem gestrigen Erlebnis erwartet hätte. Ich hätte gedacht, dass sein Gesicht sich bei meinem Anblick aufhellen würde, dass er zumindest ein wenig lächeln und

vielleicht zurückwinken würde. Nichts dergleichen hat er gemacht. Er hat gegrüßt, wie er mich immer grüßt, ohne mir besondere Beachtung zu schenken. Gestern hat er ganz vertraut
an meiner Seite gesessen und mit mir zusammen der Geschichte
des Narren gelauscht, und heute tut er so, als wäre nichts gewesen? Dass diese Merkwürdigkeiten aber auch nie aufhören!
Wie soll ich mir jetzt diese Erfahrung erklären?

Obwohl ich weiß, dass Philip jetzt in der Schule ist, gehe ich in
mein Arbeitszimmer, um den Weg in meine Träume zu finden.
Inzwischen fällt mir das sehr leicht. Und seltsamerweise bin ich
überhaupt nicht erstaunt, dass ich mich im Park wiederfinde, an
jener Stelle hinter den Rhododendronbüschen auf dem Boden
sitzend, meinen Rücken an den Baumstamm gelehnt und Philip
ganz nah an meiner Seite. Er ist sogar ein bisschen näher ge-
rückt als das letzte Mal. Er lehnt sich an mich und legt einen
Arm auf meine Knie. Vor uns sitzt der Narr und lächelt wieder,
schweigt eine Weile, während seine Augen uns anschauen wie
ein zärtliches Streicheln. Und dann beginnt er zu erzählen:

DER VERLORENE TRAUM

Vor langer, langer Zeit lebte auf einer Insel mitten im Ozean ein kleines Volk. Die Menschen dieses Volkes waren fröhlich. Wenn sie gemeinsam fischten, sangen sie. Wenn sie nach der Regenzeit ihren Reis pflanzten, sangen sie, wenn sie gemeinsam aßen, scherzten sie, wenn sie tanzten, nahmen sie einander bei den Händen, schauten einander in die Augen und lachten. Und noch etwas taten die Menschen dieses Volkes gemeinsam: Sie träumten gemeinsam. Wisst ihr, wie das ist, gemeinsam zu träumen? Gemeinsam träumen ist wie als goldene Wolken am Himmel schweben. Man kann es auch einfacher sagen: Sie freuten sich darüber, dass sie lebten.

Aber sie waren arm, die Menschen dieses Volkes auf der kleinen Insel im Ozean. Das hatte sie in der Vergangenheit nicht gestört, bis ... ja, bis eines Tages ein Geist zu Besuch kam und dem Ältesten im Rat der Weisen dieses Volkes folgenden Vorschlag unterbreitete: Reich will ich euch machen, reicher, als ihr euch träumen lassen könnt, wenn ihr bereit seid, mir zu überlassen, euer Tun und Treiben zu lenken. Ich kann euch den Reichtum nicht sofort geben, es wird einige Zeit dauern, aber dann wird er fließen. Ihr werdet köstliche Früchte ernten, ihr werdet von goldenen Tellern essen, gekleidet werdet ihr sein in Samt und Seide, Geschmeide wird euch schmücken. Und die Mühe, diesen Reichtum zu erwerben, wird immer geringer werden. Ihr werdet in Booten fahren, die wie Delphine auf den Wellen reiten, ja, ihr werdet Schiffe haben, die der Wind tragen kann wie einen Vogel und ihr werdet euer eigen nennen, was eure kühnsten Träume nicht erfinden können.

Die Weisen hörten der Rede des Geistes zu und schwiegen. Sie schwiegen lange, bis der Älteste die Stimme hob und sprach. „Was du versprichst, ist sehr verlockend. Doch kann ich nicht den Preis erwägen, den wir zahlen. Und darum stimme ich dafür, dass es so bleibt, wie es ist und immer war." Nachdem der Älteste gesprochen hatte, meldete sich der Schamane zu Wort. Ihn hatte die Rede des Geistes ergriffen, und in seiner Vorstellung flog er bereits über den Himmel und schaute von oben herab auf die Erde. „Bedenkt", sprach er. „Er verlangt nur die Lenkung unseres Handelns, was ist das schon. Dafür verspricht er, was wir heute noch nicht einmal erträumen können. Bedenke Ältester, mit welchen Gedanken unsere Kinder und Kindeskinder sich deiner erinnern werden, wenn du diesem Vorschlag des Geistes zustimmst. Keiner, der diesem Volk je vorstand, wird in solcher Erinnerung bleiben wie du. Bis in alle Ewigkeit werden unsere Nachkommen dich loben und preisen." Der Älteste schwieg und lenkte seine Sinne nach innen, um zu fühlen, ob das in Aussicht gestellte Lob an seine Seele rührte. Aber in seinem Busen regte sich nichts. Allein die Worte des Magiers erschienen ihm logisch und er erteilte dem Geist die Erlaubnis, das Tun und Treiben der Menschen zu leiten.

Da befahl der Geist dem Volke, die Arbeit untereinander aufzuteilen, so dass ein jeder das tat, wofür er besonders geeignet war. Die Menschen in jenem Volke arbeiteten emsiger denn je, jeder stellte nur ein Gut her, das er gegen die Güter der anderen tauschte, um von allen nötigen Dingen des Lebens zu haben. Und alle wurden dadurch reicher. Ein jeder bildete seine Talente noch weiter aus. Allerdings, es gab einige, die klagten, dass ihr Leben jetzt einseitiger verlaufe. Und gemeinsam taten sie nur noch Weniges. Und vor allem, sie träumten nicht mehr gemeinsam. Es waren nur wenige im Volk, die diesen Wandel bemerkten und darüber trauerten. Der Geist beherrschte sie offensichtlich nicht so sehr wie die anderen. In dieser Zeit, in der die große Arbeitsteilung durchgeführt wurde, starb der Älteste. Auch er hatte mit Sorge den Wandel beobachtet und den gewachsenen Reichtum seinen Preis nicht wert gefunden.

Nach dem Tode des Ältesten gelangte der Magier an die Spitze im Rat der Weisen dieses kleinen Volkes. Und es mag sein, dass auch der große Geist eine Wandlung erfuhr. Denn nicht er lenkte ab dem Zeitpunkt das Handeln der Menschen allein. Einige wenige aus dem Volk begannen, das Tun ihrer Mitmenschen zu leiten. Sie versammelten sie um sich und hielten sie zur Arbeit an, verkauften die Produkte, und gaben den Arbeitenden, was sie zum Leben brauchten. Ein unglaublicher Reichtum wurde auf diese Weise hervorgebracht. Köstliche Früchte in kostbaren Schalen zierten die Tafeln der Reichen. Sie aßen von goldenen Tellern, kleideten sich in Samt und Seide und kostbare Geschmeide schmückten ihre Gewänder. Sie fuhren in sündhaft teuren Gefährten, glitten in Booten über die Gewässer, dass kaum ein Auge ihnen folgen konnte und erhoben sich auf dem Wind in die Lüfte. Alles was der Geist versprochen hatte und viel mehr konnten sie ihr eigen nennen. Aber auch das Elend hielt Einzug in die Städte und Häuser. Es gab arme Menschen und reiche Menschen. Aber es war nicht nur Armut, die die Armen beklagten. Denn die kannten sie noch von einst. Ihr Tun und Treiben war arm und elend geworden. Hatten sie früher Freude an ihrer Tätigkeit empfinden können, in den Produkten ihrer Hände sich selber wiederfinden und stolz sein können, in dem Gebrauch ihrer Produkte durch andere das Bewusstsein genießen können, einem anderen Menschen zur Befriedigung seiner Bedürfnisse verholfen zu haben, so wurden sie jetzt zur Arbeit angetrieben. Ihre Produkte gehörten anderen und ihnen blieb nur, was sie zum Leben brauchten. Das innere Band, das vor dem Auftauchen des Geistes ihre Hände bewegte, den gemeinsamen Genuss, die gemeinsame Freude, die Lieder und Tänze und den gemeinsamen Traum gab es nicht mehr. Aber das war noch nicht alles. Mit dem Fortschreiten des Reichtums wurden immer weniger Hände gebraucht. Immer mehr Menschen wurden ausgeschlossen von den Tätigkeiten des Volkes. Sie lebten von Almosen. Aber die waren so bemessen, dass es schien, als seien alle zufrieden.

Nur einige hatten die Zeit vor dem Geist nicht vergessen. Sie sahen mit immer größerer Trauer die Trennungen unter den Menschen. Alles Gemeinsame war verloren gegangen. Es gab keinen gemeinsamen Traum mehr. Und die Menschen hatten die Freude verloren, die früher aus ihren Gesichtern leuchtete. Nun strebten sie nur noch danach, die neuesten technischen Errungenschaften zu besitzen, schauten einander nicht mehr in die Augen, wenn sie durch die Straßen gingen, sangen nicht mehr gemeinsam und tanzten nicht mehr.

Da machte einer sich auf, um den Geist zu suchen, der ihr Tun und Treiben lenkte, um ihn zu entmachten. Er wanderte kreuz und quer über die ganze Insel, durchforschte jeden Wald, erklomm jeden Hügel, drang in jede Höhle und tauchte in jeden See. Den Geist fand er nirgendwo. Da schaute er in den alten Büchern nach, in denen die Verhandlungen der Ältesten aufgezeichnet waren. Und auch darin fand er kein Wort über die Gespräche mit dem Geist im Rat der Weisen. Nachdem er alle Folianten durchgesehen und die letzte Seite umgeblättert hatte, dachte er nach. „Wer", so ging es durch seinen Sinn, „wenn es den großen Geist nie gegeben hat, wer hat dann mit diesem Treiben angefangen? Und wie – wenn es der Geist in den Menschen selber war, der alle diese Trennungen hervorgebracht und den Traum zerstört hatte – könnten sie damit aufhören?"

Als ich nach diesem Erlebnis wieder in meinem Arbeitszimmer auftauchte, war ich noch lange wie benommen, so als träumte ich weiter. Ich habe mich schon eine ganze Weile bemüht, meine Aufmerksamkeit auf Dinge im Raum zu lenken, nach draußen zu schauen und mich an dem Anblick der Birke neben meinem Balkon wieder ins Hier und Jetzt zu holen. Aber es gelingt mir nur sehr schwer. Ich habe auch nach meiner Fliege gelauscht, um wieder ganz klar zu werden. Aber immer wenn ich sie brauche, ist sie nicht da. So hält mich die Geschichte vom verlorenen Traum immer noch gefangen. Diese Geschichte, so geht mir durch den Sinn, nimmt meine Frage auf, warum Philip in diese Welt gekommen ist, wo er es sich doch hat aussuchen können. Aber sie gibt keine Antwort auf meine Frage. Oder sollte es ohne Bedeutung sein, in welche Welt man geboren wird? Würde es jederzeit und überall diese Trennungen geben? Können Menschen, obwohl sie es sich wünschen, nicht so miteinander leben, wie sie es sich wünschen? Ich will das nicht glauben. Die Vorstellung vom Paradies gibt es in allen Kulturen. Menschen haben sich immer nach anderen Lebensformen gesehnt als denen, die sie vorfanden. Warum können sie nicht verwirklichen, was sie ersehnen, wo sie doch so viel vermögen, zumindest heute? Aber vielleicht ist die Frage auch falsch gestellt. Oder ich suche die Antwort am falschen Ort. Vielleicht ist das Leben in dieser Welt nicht der Ort, um die Frage nach dem Paradies zu stellen. Aber wenn das stimmt, warum kann ich nicht aufhören zu fragen?

Also wieder eine Sackgasse. Ich sollte mit dem Grübeln aufhören und lieber nachtragen, was ich schon beim letzten Mal über Philip und den Narren erfahren habe. Aber das ist auch nicht einfacher, als eine Antwort auf die Frage nach dem Paradies zu finden. Der Narr ist nämlich ein noch merkwürdigeres Wesen als Philip. Philip gibt es wirklich, das heißt, es gibt ihn in meiner wirklichen Welt. Und es gibt ihn in meiner Traumwelt. Allerdings mit einem kleinen Unterschied. Der Philip in meiner wirklichen Welt, der morgens an meinem Küchenfenster vorbei in die Schule geht, der scheint keine Erinnerung an unsere Treffen im Park zu haben. Außerdem ist er gleichzeitig in der Schule und im Park. Und da dieser Umstand gegen die Gesetze der Physik verstößt, gehe ich davon aus, dass es Philip zweimal gibt, einen in meiner Wirklichkeit und einen in meinen Träumen. Im Gegensatz dazu ist der Narr nur in meinen Träumen vorhanden. Er ist ein rein geistiges Wesen. Niemand außer mir und Philip kann ihn sehen, hören oder auch fühlen. Er besitzt keinen physischen Körper. Wenn Philip und ich ihn aber doch mit unseren Sinnen wahrnehmen können, dann liegt das nur daran, dass er es will. Der Narr erlaubt uns, ihn wahrzunehmen, so hat er es jedenfalls ausgedrückt. Er hat auch erklärt, dass alles, was existiert, prinzipiell die Fähigkeit hat, geistige Wesen wahrzunehmen, weil alles, was existiert, auch geistiger Natur sei. Ich weiß jetzt leider nicht mehr genau, wie er das begründet hat, aber als ich es hörte, schien es mir einzuleuchten.

Als rein geistiges Wesen hat der Narr ungeheuerliche Fähigkeiten. Er kann menschliche Gedanken lesen. Er kann auch das wahrnehmen, was wir die Sprache der Tiere nennen, weil auch dies eine Form von Geist sei, so hat er das erklärt. Und das kann ich nachvollziehen, denn auch unsere Wissenschaftler sind mittlerweile so weit, die Intelligenz von Tieren zu erforschen. Auch Pflanzen verfügen über eine Form von Geist, habe ich vom Narren erfahren. Und auch das leuchtete mir ein, weil ich weiß, dass es Leute gibt, die nachgewiesen haben, dass auch Pflanzen

Gefühlsreaktionen entwickeln und anderen Pflanzen etwas mitteilen können. So etwas wird aber wissenschaftlich noch nicht anerkannt. Unsere Wissenschaftler haben sich noch nicht dazu entschließen können, Wesen eine Wahrnehmung zuzugestehen, die dafür keine besonderen Sinnesorgane haben. Mir ist natürlich egal, wie die Wissenschaftler darüber denken. Die wirklich interessanten Dinge können sie sowieso nicht erklären. Und wenn sie eigentlich nicht mehr als die Bewegungen von Körpern im Raum erklären können, sollten sie nicht so tun, als hätten sie die Weisheit gepachtet und den Anspruch erheben, zu bestimmen, was wirklich ist und was nicht. Immerhin gibt es schon einige Wissenschaftler, die nicht so beschränkt denken. Und außerdem muss man sich meines Erachtens auch nicht immer mit anderen darauf einigen, was man glauben soll oder nicht.

Und, wie schon gesagt, der Narr kann bewirken, dass auch wir, Philip und ich, allerdings immer nur für kurze Momente, über solche Fähigkeiten verfügen. Überhaupt, da kommt mir gerade ein Gedanke, wenn ich diese Geschichten erfahre und darüber berichten kann, könnte es ja durchaus so sein, dass mir nicht meine Träumereien diese Erfahrungen verfügbar machen, sondern dass ich es dem Narren verdanke, dies alles mitzuerleben. Auf jeden Fall sind die Fähigkeiten des Narren ungeheuerlich. Er kann nicht nur an allem teilhaben, was geistig ist und sich damit verständigen, sondern er ist in der Lage, sich gegen alle Naturgesetze zu verhalten. Er kann fliegen, an zwei Orten gleichzeitig sein und andere unerklärliche Dinge. Und er kann – und das ist für mich seine wichtigste Fähigkeit – er kann Geschichten erzählen.

Inzwischen habe ich neun Geschichten aufgeschrieben. Eine ganz hübsche Sammlung. Ich habe einen Aktenordner angelegt, in dem ich sie verwahre. Ich weiß nur noch nicht, wie ich ihn beschriften soll. Überhaupt bin ich seit kurzem etwas ordentlicher geworden. Ich habe, obwohl ich das nicht recht erklären kann, das Bedürfnis aufzuräumen, meine Sachen in Ordnung zu bringen und Ordnung zu halten. Eigentlich mag ich es, wenn Ordnung herrscht. Was ich nicht so gerne mag, ist, diese Ordnung selber herzustellen. Und ich habe mich in der letzten Zeit, seit ich allein bin, fast gar nicht dazu aufraffen können. Es ist mühsam, einen Platz für die Dinge zu suchen und sie dann auch immer wieder an diesen Platz zu tun. So ein Haus wie das, in dem ich lebe, hat viele Räume und damit auch viele Möglichkeiten, etwas liegen zu lassen, wo man es gebraucht hat, und es dann zu vergessen. Auf diese Weise findet man mit der Zeit überhaupt nichts wieder. Reich zu sein wäre da von Vorteil. Dann könnte man Leute anstellen, die einem die unangenehmen Dinge des Lebens abnehmen, aufräumen, putzen, waschen, die Kleider bereitlegen, die Tür aufhalten, das Essen servieren, den Stuhl zurechtrücken, auftragen, bedienen, abtragen, fragen, ob noch etwas gewünscht wird. Aber auch das scheint nicht viel zu bringen. Wer so reich ist, muss sich etwas ausdenken, womit er seine Zeit sinnvoll verbringen kann. Da ist es schon in Ordnung, wenn ich meine Wäsche selber waschen muss, was ich mir für heute vorgenommen habe. Ich habe den Plan gefasst, nach und nach die Dinge meines Lebens wieder in die Hand zu nehmen. Als Erstes habe ich mir vorgenommen, die Aufgaben wieder aufzunehmen, die regelmäßig getan werden müssen, wie aufräumen, putzen und Wäsche waschen, und dann werde ich weitersehen. Also mache ich mich jetzt daran, die Wäsche zusammenzusuchen. Immerhin muss ich mich dabei ein bisschen bewegen, was auch nicht schaden kann. Wenn ich so lange an meinem Schreibtisch sitze, arbeite, träume und wieder arbeite, wird mir oft kalt, und ich muss mir im Sommer einen Pullover anziehen. Außerdem ist Wäsche zu waschen keine große Mühe, denn ich habe eine Waschmaschine. Ich muss die Wäsche bloß sortieren, sie hineintun und das Programm wählen. Alles andere macht sie allein. Wenn sie fertig ist, kommt die Wäsche in den Trockner. Das ist alles keine Arbeit, bei der ich mich konzentrieren muss. Und das heißt, dass ich schon beim Einsammeln der Wäsche weiterdenke.

Aber das ist wieder nicht ganz richtig. Meine Gedanken gehen ihre eigenen Wege. Offensichtlich war irgendein Teil von mir mit der Geschichte, die ich zuletzt gehört habe, unzufrieden. Warum hat Philip sich diese Welt ausgesucht? Nun gut, er hat es nicht schlecht getroffen. Er lebt in einer kompletten Familie, wie es sie heute schon nicht mehr oft gibt. Seine Mutter und sein Vater scheinen glücklich miteinander zu sein. Zumindest hat es von außen gesehen diesen Anschein. Seine Mutter ist sehr einfühlsam und verständnisvoll. Und obwohl sein Vater häufig ungeduldig mit ihm umgeht, kann man ihn durchaus mögen. Und er hat Geschwister. Ich weiß, dass es schwierig ist, so etwas von außen zu beurteilen, aber auch die Kinder kommen miteinander gut zurecht. Obwohl sie sehr unterschiedlichen Alters sind, spielen sie miteinander. Und man sollte es nicht glauben, dass es in unserer Zeit noch so etwas gibt, sie singen auch zusammen. Ich habe einmal miterlebt, wie sie zu dritt einem Nachbarn zum Geburtstag ein Ständchen brachten. Der hatte Tränen in den Augen vor Freude. Außerdem wird Philip eine gute Schulbildung erhalten. Er hat also alle Voraussetzungen, ein gutes Leben zu führen. Und er ist sensibel. Nun weiß ich zwar nicht, weil ich selber keine Kinder habe, ob er das bleiben wird. Vielleicht wird er auch irgendwann nur noch an den neuesten Computern interessiert sein, alles tun, was „cool" ist, studieren, heiraten, arbeiten, einen Job finden, viel Geld verdienen für Haus, Auto und Urlaub und sich nur an den Dingen orientieren, die heute so gefragt sind, sich unter Druck setzen, konkurrieren, aufsteigen und sich dann irgendwann zwischen vierzig und fünfzig fragen, ob das alles war. Und dann wird es zu spät sein. Dann wird es eine Ehekrise geben, er wird sich eine neue jüngere Frau suchen, die zu ihm aufschaut, bis er merkt, dass davon die Seele auch nicht satt wird. Aber wovon wird die Seele satt? Ich weiß es auch nicht. Ich weiß nur eins, aber vielleicht trifft das nur auf mich zu: Meine Seele braucht jemanden, so dass ich nicht allein bin. Und noch etwas scheint zumindest für mich wichtig zu sein: Ich muss immer etwas Wichtiges zu tun haben, was alle meine Kräfte erfordert, eine Aufgabe, die so spannend ist, dass ich alles vergessen kann, wenn ich damit beschäftigt bin. Aber all das habe ich nicht. Übersetzen ist zwar interessant. Aber ob ich darin wirklich aufgehen kann, hängt von den Büchern ab, die ich zu übersetzen habe. Und im Augenblick kann mich diese Arbeit nicht fesseln. Aber vielleicht ist Übersetzen gar nicht meine wirkliche Arbeit? Vielleicht sind es meine Träume. So habe ich darüber bislang noch nicht nachgedacht. Meine Träume sind eine spannende Beschäftigung. Und sie sind auch sinnvoll. Ich sammle dabei Geschichten. Wer außer mir kann das schon. Ich kenne niemanden, der so etwas macht, wie ich es gerade mache. Vielleicht bin ich einfach begabt zu träumen. Mein Gott, ich denke hier einen Mist zusammen. Aber das ist häufig so, wenn ich meinen Gedanken einfach ihren Lauf lasse. Es wird Zeit, dass ich mich zusammenreiße und mit diesen Gedanken aufhöre. Aber was solls, wenn mein Gehirn sich so die Zeit vertreibt, während ich mit der Wäsche beschäftigt bin, mein Mittagessen bereite und mich mit einem Fencheltee wieder an den Schreibtisch setze, kann das auch in Ordnung sein.

Eigentlich sollte ich jetzt an meiner Übersetzung weiterarbeiten. Heute habe ich das Buch noch nicht einmal aufgeschlagen. Aber vielleicht kann ich das noch eine Stunde hinausschieben? So eilig ist es damit nicht. Mir ist klar, ich will nicht an meine Brotarbeit. Ich will eine neue Geschichte. Und warum auch nicht? Vielleicht wird das Träumen ja bald meine Brotarbeit? Ich entscheide mich jetzt einfach und mache mich auf meinen Weg in den Park. Und sie sind da, beide, Philip und der Narr. Und sie scheinen sich zu freuen, dass ich komme. Sie scheinen mich erwartet zu haben. Als ich in ihre Gesichter schaue, kommt ein Gefühl von ganz tief und so stark in mir hoch, dass mir davon fast schwindlig wird. So sehr habe ich mich schon lange nicht mehr gefreut! Ich wusste gar nicht mehr, dass ich mich so freuen kann. Aber offensichtlich kann ich es noch. Es ist auch kein neues Gefühl. Irgendwoher kenne ich es. Es muss nur sehr lange her sein, dass ich es wahrgenommen habe. Und während ich mich am Baumstamm niederlasse und fühle, wie Philip sich an mich lehnt, seine Arme auf meine Knie legt, sehe ich den Narren uns anschauen und warten, bis wir es uns bequem gemacht haben. Und dann hören wir eine neue Geschichte:

METAMORPHOSEN

Kinder können grausam sein. Und so musste einst ein Knabe erleben, im Kreise Gleichaltriger nicht wohl gelitten zu sein. Dabei waren es nur die ärmlichen Verhältnisse seiner Herkunft, die ihn von Seinesgleichen unterschieden. Da konnte es nicht ausbleiben, dass er sich entschloss, alles zu tun, um diesen Verhältnissen zu entrinnen. Und er brachte seine frühen Jahre damit zu, die Fähigkeiten zu erwerben, die einen zu Reichtum bringen.

Und nachdem er zum Manne herangewachsen war, dauerte es auch nicht lange, da hatte er alle, die ihn einst seiner Armut wegen gemieden hatten, an Wohlstand übertroffen. Jetzt konnte er alles erlangen, was jene besaßen, und noch viel mehr. Er übertraf sie in allem, in der Größe seiner Unternehmungen, in der Vornehmheit seines Hauses, in der Zahl seiner Diener, im Glanz seiner Feste, in der Größe des Kreises seiner Anhänger und im Einfluss bei den Mächtigen. Und auch die Liebe schien ihm jetzt zuzufliegen. Die schönsten Frauen stritten um seine Aufmerksamkeit.

Eines Tages, es war nach einem festlichen Empfang, trat er auf den Balkon seines Hauses hinaus, betrachtete seinen Besitz und ließ noch einmal die beifälligen Reden seiner Günstlinge und die schmeichelnden Worte der Frauen durch seine Gedanken ziehen, da bemerkte er, dass dies alles die Sehnsucht nicht stillen konnte, die ihn sein Leben lang angetrieben hatte. Er besaß alles, aber sein Reichtum und was mit Geld zu haben war, konnte seine Seele nicht füllen.

Der Narr schwieg. Und während er schwieg, folgten meine Augen einem Käfer, der sich durch das Gestrüpp von Grashalmen, Moos und Blättern mühsam seinen Weg bahnte. „Wie geht die Geschichte weiter?", fragte Philip. „Sie kann doch noch nicht zu Ende sein." „Du hast recht", antwortete der Narr. „Die Geschichte ist nicht zu Ende. Aber was denkt ihr, wie sie weitergehen könnte?"

„Er könnte vielleicht", begann Philip, „die Erfahrung machen, dass jemand ihm wahre Freundschaft entgegenbringt oder dass eine Frau ihm Liebe schenkt, ohne etwas zu verlangen, oder dass ein anderer Mensch einfach Vertrauen in ihn setzt." „Ich glaube nicht, dass so etwas geschehen kann", wandte ich ein, während ich den Käfer über einen dicken Grashalm stolpern, auf den Rücken fallen und mit den Beinen in der Luft strampeln sah. „Freundschaft, Liebe und Vertrauen fallen einem nicht zu. Wenn du Liebe erfahren willst, musst du fähig sein, Liebe zu bewirken. Wenn du Freundschaft erwerben willst, musst du ein Herz ausgebildet haben, das Freunde anzieht, und Vertrauen schenkt man dir nur, wenn du ein Wesen zeigen kannst, das Vertrauen weckt. Die Geschichte berichtet aber, dass er seine Jahre damit zubrachte, die Fähigkeiten zu erwerben, die einem Mann Reichtum einbringen."

„Dann könnte er vielleicht", begann Philip von neuem, „die Erkenntnis haben, dass die wichtigen Dinge des Lebens nicht mit Geld zu erwerben sind. Er könnte dann alle seine Güter verschenken und von neuem beginnen." „Das kann ich auch nicht glauben", wandte ich ein. „Was jemand mühsam erworben hat, gibt er nicht freiwillig her. Viel eher wird er danach streben, mehr zu erwerben und andere und größere Genüsse suchen, um seine Sehnsucht zu stillen." Und während ich dem Käfer weiter zusah, wie er wieder auf die Beine kam und seinen mühsamen Weg durch ein Dickicht von Spitzwegerich und Löwenzahn bahnte, hinter dem er meinen Blicken entschwand, fragte ich den Narren: „Wie geht die Geschichte denn nun weiter?"

Er hatte einen Traum, fuhr der Narr fort, einen Traum, der seine Seele zu einem großen Tempel entführte. Und nachdem er das Tor geöffnet hatte, erblickte er einen riesigen, von Säulen getragenen Raum, in dessen Mitte vier marmorne Statuen aufgestellt waren. Und als er näher trat, um sie genau zu betrachten, erkannte er in ihnen die Gestalten der Liebe, der Freundschaft, des Vertrauens und des Reichtums. Und wie er sie so betrachtete, wurde ihm seltsam zumute und ihm schien, als lösten die Grenzen seines Körpers sich auf. Und er wusste nicht mehr, ob es so war, dass er vor ihnen stünde und zu ihnen aufblickte, oder so, dass er in ihnen war und auf sich selber herabblickte. Aber nachdem er aus diesem Traum erwachte, verschenkte er allen Reichtum und ging in ein Kloster, um Gott zu suchen.

Mit diesen Worten schwieg der Narr und wandte seinen Blick wieder uns zu. Er bemerkte unsere Verwunderung, lächelte und sagte: „Um das zu begreifen, muss man schon einen solchen Traum haben."

„Um zu begreifen, muss man Träume haben." Ich weiß nicht, warum dieser Satz sich so in meinen Gedanken festgesetzt hat, dass ich gar nicht mitbekommen habe, dass wir uns, wie wir es die letzten Male taten, verabschiedet und auf den Heimweg gemacht haben. Als ich wieder zu mir kam, saß ich allein in meinem Arbeitszimmer und wiederholte diesen Satz in meinen

Gedanken: „Um zu begreifen, muss man Träume haben." Und ich begriff wieder einmal gar nichts. Vielleicht hängt meine Verwirrung damit zusammen, dass das Wort „Traum" so verschiedene Bedeutungen hat. Geht es in dieser Aussage um einen Traum im Sinne von etwas Wunderschönem? Oder ist hier mit „Traum" eine Vorstellung gemeint, die man verwirklichen will? Oder geht es um eine Erfahrung, die mit den Naturgesetzen nicht vereinbar ist, die aber trotzdem eine Erfahrung darstellt? Vielleicht eine Erfahrung, die etwas von einer anderen Wirklichkeit enthüllt, eine Erfahrung, die wir, wenn wir wach sind, nicht glauben können, die aber, wenn wir sie träumen, gewiss ist? Der Satz lautete aber noch etwas anders, wird mir jetzt klar, nämlich: „Um das zu begreifen, muss man solche Träume haben." Ich habe das „solche" unterschlagen. Vielleicht bezieht sich das darauf, dass der Mann in diesem Traum nicht mehr wusste, wer er war, er selber oder eine von diesen Statuen? Ich fühle, dass dieser Satz für mich eine besondere Bedeutung hat, wahrscheinlich deshalb, weil ich selber träume. Es ist nur so, dass ich nicht begreife, was ich eigentlich begreifen müsste. Jedenfalls denke ich, dass ich etwas begreifen sollte. Aber ich weiß nicht was.

Aber dass ich das nicht weiß, ist auch keine neue Erfahrung für mich. Vielleicht gibt es auch gar nichts zu verstehen. Oder es geht um ein ganz anderes Verstehen. Manchmal ist es ja auch ganz merkwürdig mit dem Verstehen. Es funktioniert nicht immer so, dass man einen Gedanken aus einem anderen schlussfolgern oder etwas Neues sogleich in ein bestehendes Gedankensystem einordnen kann. Manchmal funktioniert Verstehen wie ein Puzzlespiel. Man hat schon eine Menge Steine, die irgendwie zusammenpassen, aber noch kein Bild ergeben. Und dann nimmt man, ohne etwas zu erwarten, einen weiteren Stein, legt ihn ganz nach Belieben an irgendeine Stelle, und das Bild ist da. Als ich meine Diplomarbeit geschrieben habe, war es ähnlich. Ich habe Zusammenhänge gefühlt, ohne wirklich zu wissen, wie die Dinge zusammenpassen, und dann hat es noch eine Weile gedauert, und die Argumente stellten sich ein, so dass alles ganz logisch war. Vielleicht habe ich inzwischen aus meinen Träumen auch eine Menge Puzzlesteine zusammengetragen, fühle, dass sie zusammengehören, sehe aber noch nicht, wie sie zusammengehören, und irgendwann taucht das Gesamtbild auf. Und dann werde ich mich wundern, dass ich so lange gebraucht habe, um zu begreifen.

Also Schluss jetzt mit dem Grübeln, sagt mir eine innere Stimme, die ziemlich barsch klingt. Du hast den ganzen Tag mit Träumen zugebracht und bist mit deiner Übersetzung nicht weitergekommen. Immerhin musst du auch dafür sorgen, dass deine Einkünfte weiterfließen. Und dieses Argument leuchtet mir ein. Ich brauche zwar nicht viel Geld, fange aber immer an mich zu fürchten, wenn es knapp wird. Außerdem wäre es mir gerade jetzt unangenehm, rechnen zu müssen, wo ich doch wieder Wünsche entdecke, die ich eine ganz lange Zeit ziemlich tief vergraben hatte. Es beschämt mich ein bisschen, das hier aufzuschreiben, aber es scheint so zu sein, dass ich wieder eitel werde. Eitel ist zuviel gesagt. Wirklich eitel bin ich nie gewesen. Das ist das Verdienst meiner Mutter. Ich habe mich zwar selten nach ihren Vorstellungen gerichtet, aber in diesem Punkt stimmten wir überein, Äußerlichkeiten nicht so wichtig zu nehmen. Wenn andere Leute großen Wert auf Äußerlichkeiten legten, ließ meine Mutter mich wissen, dass sie das wohl nötig hätten. Sie meinte damit, dass es ihnen an inneren Werten fehlte. Ich habe herausgefunden, dass das nicht immer stimmt. Aber ich habe von ihr wohl tatsächlich das Gefühl übernommen, dass ich, und die Betonung liegt hier auf „ich", es nicht nötig hatte, meiner äußeren Erscheinung viel Aufmerksamkeit zu widmen. Ich habe nur darauf geachtet, ein bestimmtes Niveau nicht zu unterschreiten, ganz einfach, weil ich nicht unangenehm auffallen wollte. Aber in der letzten Zeit, in der ich allein gewesen bin, habe ich mich überhaupt nicht mehr darum gekümmert, wie ich aussehe und was ich anzuziehen habe. Das war auch

nicht wirklich wichtig, weil ja niemand dagewesen ist, der daran hätte Anstoß nehmen können. Aber gestern habe ich mich
vor dem Spiegel ertappt. Meistens, wenn ich vor dem Spiegel
stehe, beim Zähneputzen beispielsweise, sehe ich mich gar nicht,
zumindest könnte ich mich später nicht daran erinnern, wie ich
ausgesehen habe. Aber dass ich gestern vor dem Spiegel stand,
daran kann ich mich genau erinnern, weil ich mich nämlich
sehr bewusst betrachtet habe und sehr unzufrieden mit mir war.
Und während ich mir die Haare raufte, weil sie überhaupt keine
Form mehr hatten, und mir in die Wangen kniff, um wenigstens
ein bisschen Farbe in meine blasse Haut steigen zu lassen, begann meine Phantasie mir eine neue Frisur, ein ansprechendes
Make up und einen neuen Pullover vorzugaukeln und die Meinung, ich könnte doch ganz gut aussehen, wenn ich dem doch
mal Beachtung schenkte. Und ich erlaubte mir, das demnächst
zu tun, nicht ohne ein Gefühl von ich weiß nicht was, das aber
dazu führte, dass ich vor dem Spiegel stand und mir zulächelte.
Aber, das fiel mir gleich darauf ein: das kostet auch Geld, zum
Friseur zu gehen und neue Klamotten zu kaufen. Und um das
bezahlen zu können, muss ich meine Brotarbeit fortsetzen.
Daran geht kein Weg vorbei.

Wirklich wichtig scheint mir meine wiederentdeckte Eitelkeit
aber nicht zu sein. Denn während als ich nach Abschluss meines Pensums noch einmal die letzten Zeilen dieser Aufzeich-
nungen durchgehe, schiebe ich meine Wünsche schon wieder
beiseite. Viel wichtiger ist immer noch die Frage, warum Philip
sich diese Welt ausgesucht hat. Dazu gehe ich meine Kenntnisse
durch, die ich mir im Geschichtsunterricht in der Schule und
beim Studium an der Universität angeeignet habe, auf der Suche
nach Zeiten in der Menschheitsgeschichte, mit denen Philip und
auch ich eine bessere Wahl getroffen hätten.

Während ich mir mein Abendbrot bereite, denke ich über die
bürgerliche Gesellschaft nach, wie sie vor hundert Jahren gewe-

sen sein dürfte. Da hätte ich mir schon vorstellen können als höhere Tochter, beispielsweise eines Professors, auf die Welt zu kommen, in einer Jugendstilvilla aufzuwachsen, Klavier zu spielen und zu singen, in den Büchern meines Vaters stöbern zu dürfen und auf den richtigen Mann zu warten. Aber während ich mir gerade ein Brot mit Käse belege und mir dabei meine Hochzeit vor hundert Jahren ausmale, wird mir klar, dass ich dann zwei Weltkriege hätte miterleben müssen. Und überhaupt, welche Chance hätte ich als Frau gehabt, mein eigenes Leben zu leben. Und wenn sich mein Ehemann als nicht so bewunderungswürdig herausgestellt hätte, wie ich ihn mir gewünscht hätte. Oder er wäre ein jüdischer oder auch nur kritischer Intellektueller gewesen. Ich hätte mit ihm während des Faschismus nach Amerika auswandern müssen, ein Leben im Exil führen. Während ich mir meinen Mund an meinem heißen Fencheltee verbrenne, weil ich in meine geschichtlichen Betrachtungen versunken bin und nicht darauf achte, was ich mit meinen Händen mache, komme ich in Gedanken zu dem Schluss, dass diese Zeit wohl auch nicht besser gewesen ist und gehe in Gedanken ins Mittelalter zurück, um allerdings nicht lange zu verweilen. In der Zeit hätte ich mir schon einen Ritter aussuchen müssen, wovon es nicht viele gab. Und ob es darunter genug wirklich edle Menschen gegeben hätte, muss ich auch dahingestellt sein lassen. Die Herren waren zumeist auch herrisch. Und Bücher hat es nur in den Klöstern gegeben. Und als Frau in der Antike? In der Antike gab es schon eine Demokratie. Aber es war eine Demokratie von Männern. Ich erinnere mich nicht, dass da eine Frau eine Rolle gespielt hätte. Da hätte ich vielleicht eine Hetäre sein können. Die waren anerkannt. Aber ob sie Zugang zu Bildung gehabt haben? Ich müsste das mal in meinem Lexikon nachlesen. Und noch davor? Da soll es Gemeinwesen mit der Herrschaft von Frauen gegeben haben, worüber man sich jedoch in der Soziologie nicht einig ist. Und ob es angenehmer gewesen wäre, am Anfang der Geschichte zu leben? Ich weiß zu wenig über das wirkliche Leben der Menschen in unserer

Geschichte. Und ich merke, dass ich das alles vom Standpunkt meines jetzigen Lebens betrachte. Und das dürfte nicht angemessen sein. Vielleicht, nein nicht vielleicht, sondern mit ziemlicher Sicherheit hätte ich als Mensch in einem Gemeinwesen am Anfang der Geschichte kein Bedürfnis nach Freiheit, nach Bildung und individueller Liebe gehabt, oder danach, mich weiterzuentwickeln. Solche Bedürfnisse sind erst im Laufe der Geschichte hervorgebracht worden. Ich kann eigentlich gar nicht beurteilen, ob es bessere Zeiten gegeben hat. Während ich aus diesen Gedanken auftauche, bemerke ich, dass ich mein Abendbrot gegessen habe, ohne darauf zu achten und eigentlich gar nicht weiß, was ich gegessen habe. Aber da ich fühle, dass ich nicht mehr hungrig bin, beschließe ich, die Sachen wegzuräumen und nochmals für zwei Stunden an meine Arbeit zu gehen, um dafür zu sorgen, dass ich mit mir und meiner täglichen Arbeit zufrieden bin. In den Park möchte ich heute nicht noch einmal gehen. Ich weiß nicht warum. Eigentlich wäre noch Zeit für eine Traumgeschichte. Aber mein Gefühl sagt mir, dass ich das aufschieben soll.

Und als ich in meinem Bett liege, erfahre ich, warum ich meinen Traumausflug in den Park habe aufschieben sollen, weil mir nämlich ein ganz neuer Traumausflug bevorstand. Ich weiß nicht, ob ich es schon berichtet habe, aber an meine Nachtträume habe ich mich nie erinnern können, so dass ich schon des öfteren daran gezweifelt habe, ob ich überhaupt nachts träume. Aber ich weiß aus den Psychologiebüchern, die ich übersetze, dass alle Menschen mehrmals in der Nacht träumen. Und in dieser Nacht träumte ich. Aber mein Traum war ganz ähnlich wie die Träume, die ich tagsüber träume, wenn es denn Träume sind. Ähnlich in dem Sinne, dass ich träumte und wusste, dass ich träumte. Anders als sonst war nur der Anfang. Wenn ich normalerweise tagträume, sitze ich in meinem Arbeitszimmer am Schreibtisch, lasse meine Blicke durch das Fenster in den Garten schweifen zu den Fliederbüschen und dann ins

Weite gehen. Und nachdem ich das gemacht habe, bin ich dort. In meinem Traum heute Nacht ging ich einen dunklen Weg entlang. Aber es war gar nicht dunkel, sondern sehr hell, obwohl das jetzt paradox klingt. Und ich wusste, dies ist der Weg in den Park, in dem ich Philip und den Narren treffe. Und während ich den Weg weiterging, schaute ich mir jeden Baum an, an dem ich vorbeiging, und hatte das seltsame Gefühl, ich weiß überhaupt nicht, wie ich das beschreiben soll. Ich hatte das Gefühl, dass sie alle lebten. Natürlich sind auch Bäume lebende Geschöpfe, das weiß ich. Aber während ich den Weg zu der Stelle ging, an der Philip und der Narr auf mich warteten, hatte ich das Gefühl, als lebten sie so wie ich lebe, als gäbe es keinen großen Unterschied zwischen uns. Und es kam mir überhaupt nicht komisch vor, dass ich das Bedürfnis hatte, sie zu begrüßen. Aber das stimmt nicht, es ist mir schon komisch vorgekommen. Aber irgendwie war mir danach, sie zu begrüßen. Aber vielleicht muss ich diesen seltsamen Gang durch die dunkle helle Nacht vorbei an Bäumen, die ich wie Individuen wahrnahm, nicht so schildern, dass andere es nachvollziehen können. Es reicht vielleicht, zu sagen, dass dieser Traum in dieser Nacht anders war als meine Träume sonst. Und anders war auch meine Ankunft bei meinen Freunden, die auf mich warteten. Aber auch das ist schwer zu beschreiben. Vielleicht sind Gefühle in echten Nachtträumen einfach anders als in Tagträumen. Ich habe es einfach ganz anders erlebt, als ich fühlte, dass Philip sich an mich lehnte und seinen Arm auf mein Knie legte. Ich kann es nicht erklären.

Aber was ich jetzt tun kann, ist die Geschichte zu berichten, die der Narr erzählt hat.

DIE AMEISENINSEL

Vor langer Zeit gab es eine andere Insel mitten im großen Ozean, weit entfernt von jedem Festland. Auf dieser Insel gab es hohe Berge, dichte Wälder, Seen, Flüsse, aber auch weite Ebenen, in denen sich das Grasland, Steppen und Wüsten unendlich hinzogen. Diese Insel war von einer mannigfaltigen Tierwelt bevölkert. Von Menschenhand unberührt, hatte sich auf dieser Insel ein vollkommenes Ökosystem ausbilden können, wie man heute sagen würde. Jede Art konnte ihre eigene Lebensform in einem harmonischen Gleichgewicht mit anderen Lebensformen aufrechterhalten. Jedes Geschöpf ging seiner Wege und war glücklich auf seine Art. Nicht, dass alle Geschöpfe Einzelgänger gewesen wären und sich umeinander nicht kümmerten. Manche Arten hatten gemeinsame Lebensformen gebildet, Familienformen, um die Nachkommen groß-zuziehen, andere darüber hinaus Formen der gemeinsamen Jagd und wieder andere verbrachten ihr ganzes Leben miteinander. Manche Arten gingen, wie es auch bei uns bekannt ist, noch weiter. Sie gründeten arbeitsteilige Gesellschaften mit gemein-samer Vorratsbeschaffung und Verteilung. Und es gab auch For-men der Symbiose, eines dauernden engen Zusammenlebens von Lebewesen verschiedener Art zu gegenseitigem Nutzen, wie wir es von Einsiedlerkrebs und Seerose, Krokodil und Krokodilswächter, Honigdachs und Honigkuckuck kennen. Alle Geschöpfe lebten auf dieser Insel, jedes nach seiner Art, und brachten in ihren Beziehungen zu sich selbst wie auch in ihrem Streben nach Formen der Gemeinschaft ein harmoni-sches Zusammenleben hervor, für das es in den alten Schriften vom Anfang unserer Welt einen Namen gibt: das Paradies.

Auf dieser Insel hatte eine Art sich als besonders tüchtig erwiesen, nämlich die der Ameisen, mit lateinischem Namen „Formicidae". Die Ameisen hatten eine streng durchorganisierte Gesellschaft aufgebaut, in der eine Königin, geflügelte Männchen, Weibchen, Arbeiter und Soldaten zusammenlebten. Jedes Mitglied dieser formizidalen Gesellschaft hatte eine Aufgabe, mit der es zum gemeinen Wohle beitrug, und jedes hatte seinen gleichen Anteil an dem, was alle zusammentrugen. So waren sie, obwohl in das gemeinschaftliche Gefüge fest eingebunden, glücklich. Sie alle fühlten sich in brüderlicher Gemeinschaft vereint, als wichtige Mitglieder des Ganzen gleichermaßen anerkannt und frei von der Sorge um ihr materielles Wohl. Sicherheit und Wohlstand war das Ziel ihrer gemeinsamen Arbeit, Freiheit, Gleichheit und Brüderlichkeit die Ideale, nach denen sie strebten.

Da konnte es nicht lange ausbleiben, dass andere Geschöpfe dieser Insel das erfolgreiche Leben der Ameisen bemerkten und dachten, dass das eine gute Form sei, das Dasein zu gestalten. Die ersten waren die Hamster, denen der Betrieb der Vorratsbeschaffung durch die Ameisen gefiel, und sie begannen, es ihnen gleichzutun und mit ihnen zusammenzuarbeiten. Auch die Ameisen waren sehr daran interessiert, ihr System weiter auszudehnen. So gibt es auch bei unseren heutigen Ameisen so genannte Ameisengäste, die von den Ameisen als Haustiere gehalten werden, wie zum Beispiel gewisse Käfer und Blattläuse. Die Ausdehnung der formizidalen Gesellschaft über die Grenzen der Art hinaus ging am Anfang langsam vonstatten und fiel kaum jemandem auf. Biber und Dachse waren die nächsten, die Anschluss an die Ameisengesellschaft begehrten und sich deren Lebensweise problemlos anschlossen. Bei anderen Arten lief das anders. Zumeist waren es einzelne Exemplare, die sich davon Erfolg versprachen, ihr Leben umzustellen, und die dann dafür sorgten, dass allmählich die meisten Mitglieder ihrer Art in die formizidale Lebensweise einbezogen wurden.

War es doch schwer, sich dem Versprechen von Wohlstand und Sicherheit für alle zu entziehen und gegen Freiheit, Gleichheit und Brüderlichkeit etwas einzuwenden.

Aber auch nicht wenigen Tieren blieb das Leben der Ameisen fremd und sie leisteten Widerstand. Man durfte doch nicht alle Tiere zu Ameisen machen, wo Gott sich so viel Mühe gegeben hatte, jedes nach seiner Art zu schaffen! Vor allem die Löwen empfanden es als unsinnig, auf markierten Pfaden hintereinander herzulaufen, um zu jagen. Den Rehen wollte es nicht einleuchten, in Höhlen und Erdhügeln zu nächtigen, wo das Unterholz doch genügend Schutz bot. Die Giraffen fanden die Vorratshaltung unnötig, wenn die Natur doch alles bereitstellte. Die Vögel stritten dagegen, ihr Singen einzustellen und sich über Geruchsstoffe zu verständigen. Die Hasen wollten sich nicht dazu verstehen, Soldaten aufzustellen, sondern lieber weiter hintereinander herlaufen, um sich zu vergnügen. Und nahezu alle, die sich sträubten, empfanden die Arbeitsteilung der Ameisen gar nicht als Verheißung von Glück, sondern als Einschränkung ihres Lebens. Aber der Widerstand nutzte ihnen nichts. Da sich das wirtschaftliche System der Ameisen ständig ausbreitete, blieb für sie kein Platz. Aber auch, wer eine Nische fand, konnte sich nicht mehr sicher fühlen. Die Soldaten der Ameisen suchten sie. Und man wusste, wie Ameisen mit Feinden umgehen. Und das Schlimme war, dass die Kritiker des formizidalen Systems selbst bei ihren Artgenossen auf verlorenem Posten kämpften. Alle, die sich angeschlossen hatten, hielten das System der Ameisen für eine gute Sache und unterstützten deren Kampf für Freiheit, Gleichheit und Brüderlichkeit. Ja, sie feuerten die Soldaten der Ameisen geradezu an, die Kritiker zu jagen, denn: Wer gegen Freiheit, Gleichheit und Brüderlichkeit ist, der kann nur böse sein. Das leuchtete allen ein.

Im Laufe der Zeit hatten sich jedoch im Verborgenen die Klügsten unter allen Tierarten zusammengefunden, und man versuchte, die Geheimnisse dieses Unglücks herauszufinden. Da diese Weisesten jeder Art sich noch daran erinnern konnten, wie man vor der allgemeinen Ausbreitung der formizidalen Gesellschaftsform auf der Insel gelebt hatte und auch noch fühlen konnten, wie schön es gewesen war, die Eigenart eines jeden Geschöpfes wahrzunehmen und dessen Anderssein zu achten und zu schätzen, brauchten sie nicht lange, um zu wissen, dass es die allgemeine Unterordnung unter die Lebensweise der Ameisen war, die das Unheil über die Insel gebracht hatte. Ratlos waren sie nur, wie sie das den Tieren erklären sollten und wie man das Paradies hätte zurückgewinnen können.

Als ich nach diesem Traum in meinem Bett wieder aufwachte, wusste ich, dass ich zum ersten Mal mit vollem Bewusstsein geträumt hatte. Und mein erster Gedanke war, dass ich damit die Lösung für mein Tagtraumproblem gefunden hatte. Aber das war nur mein erster Gedanke. Der zweite ist gleich wieder ein Zweifel. Wenn das stimmt, muss es ja so sein, dass ich an meinem Schreibtisch ständig schlafe, und das manchmal zweimal am Tag, und dass ich dabei luzide Träume habe. Luzide Träume sind Träume, bei denen der Träumer weiß, dass er träumt. Ich habe, wie schon erwähnt, irgendwann einmal ein Buch über luzides Träumen gelesen. Und dass ich luzide Träume haben soll, halte ich doch für ziemlich unwahrscheinlich. Denn ich erinnere mich noch, dass ich damals, als ich das Buch gelesen hatte, selber versucht hatte, luzide zu träumen, und es war mir nicht ein einziges Mal gelungen, einfach deshalb, weil ich meine Träume immer vergaß. Aber es könnte ja sein, dass ich damals doch gelernt habe, luzide zu träumen, es aber nicht gemerkt habe, weil ich meine Träume immer vergaß. Nun gut, sage ich mir, jetzt habe ich noch eine Erklärungsmöglichkeit für meine bizarren Traumerlebnisse gefunden. Aber vielleicht ist es besser, ich schiebe die Entscheidung, was es denn nun sein soll, einfach auf. Zu wissen, dass das luzide Träume sind, denen ich meine Geschichten verdanke, ist wirklich nicht wichtig. Hauptsache, ich komme an meine Geschichten.

Viel wichtiger sind mir im Augenblick meine Gefühle, die ich in diesem Traum erlebt habe. Aber sie zu beschreiben, fällt mir schwer. Gefühle zu beschreiben ist immer eine Übersetzung in Worte. Man kann auch Bilder benutzen, um Gefühle zu beschreiben. Aber auch zwischen sehen und fühlen besteht ein großer Unterschied. Im Grunde muss man wohl versuchen, etwas zu beschreiben, was den Zuhörer dazu bringt, eigene Gefühle zu entwickeln. Wenn der Zuhörer den Worten folgt entwickelt er seine eigenen Bilder, er hört, was der Erzähler ausspricht auf seine eigene Art und Weise und fühlt, was dieses eigene Erleben in ihm auslöst. Auch gute Gedichte beschreiben keine Gefühle, sondern führen den Leser oder Zuhörer in ein eigenes Erleben. Aber ich bin kein Dichter. Vielleicht – das kommt mir jetzt in den Sinn – kann ich ein solches Gefühl beschreiben, indem ich an etwas erinnere, was viele Menschen erleben, beispielsweise wenn sie mit einem anderen Menschen, den sie mögen, etwas gemeinsam machen, vielleicht spazieren gehen am Meer oder im Wald. Und wenn sich dabei manchmal die Blicke der Freunde treffen und darin zum Ausdruck kommt, dass es schön ist beieinander zu sein, und wie sehr das, was sie gerade gemeinsam tun, beiden Freude bereitet. Ein solcher Augenblick ist wie ein Traum, in dem das Zusammensein und zusammen etwas erleben zu etwas ganz Neuem wird, wie zwei Töne, die in einem Klang aufgehen, oder zwei Lichter, die ineinander fließen und heller scheinen. Da gibt es keine Unterschiede mehr. Zwei werden eines in dem, was sie hervorbringen, wenn sie etwas teilen.

Aber wenn ich mich jetzt damit aufhalte, wie ich meine Traum-gefühle der letzten Nacht beschreiben könnte, lenke ich schon wieder von etwas anderem ab, das mich nicht loslassen will. Ich habe schon berichtet, dass Philip sich beim letzten Treffen ganz nah an meine Seite gesetzt und seinen Arm auf mein Knie gelegt hat. Er war so nah, dass ich mir einbildete, seine Körperwärme spüren zu können. Aber wahrscheinlich habe ich sie auch ge-spürt, weil ich gar nicht anders konnte, als einen Arm um ihn zu legen. An einen anderen Platz passte der gar nicht hin. Ganz deutlich habe ich auch den Duft seiner Haare wahrgenommen. Wahrscheinlich hatte er sie gerade gewaschen. Und zuweilen hat er seinen Kopf gehoben und mich angeschaut. Und das hat ganz merkwürdige Gefühle in mir ausgelöst. Da hatte ich doch tatsächlich ein Kind im Arm, spürte die Lebendigkeit in ihm, konnte die Linien seines kleinen Gesichts verfolgen, die Run-dungen von Wangen, Nase und einen kleinen Teil seines Mun-des mit meinen Augen nachzeichnen. Irgendwann habe ich dann auch gewagt, meine Hand auf seinen Arm zu legen. Diese Berührung seiner Haut löste etwas aus, das ich durch meinen ganzen Körper verfolgen konnte. Aber das war noch nicht alles. Da war noch etwas, was ich jetzt kaum niederzuschreiben wage.

Aber ich versuche es trotzdem: Ich habe lange darüber nach-gedacht, warum Philip diese Welt, diese Gesellschaft und die heutige Zeit gewählt hat, um seine Erfahrungen im Leben zu machen. Und gestern im Traum habe ich mir eingebildet, die Antwort zu wissen. Und diese Antwort war ganz anders, als ich sie erwartet hatte. Ich wollte eine Begründung der Art, dass die Gesellschaft, in der wir leben, aus irgendeinem Grund die rich-tige Gesellschaft für solche Erfahrungen sei. Aber die Antwort, die ich gestern zu wissen glaubte, lautete ganz anders. Ich weiß, das war eine Einbildung. Ich habe ja auch nur geträumt. Aber als ich sie hatte, erschien sie mir so selbstverständlich, als könnte es gar keine andere Antwort geben. Was ich plötzlich wusste oder vielleicht soll ich sagen was ich plötzlich fühlte, war: Philip hatte beschlossen, in diese Welt zu kommen, um an meiner Seite zu sitzen und mit mir zusammen den Geschichten des Narren zuzuhören. In dem Augenblick, als ich das fühlte, habe ich etwas erlebt, was ich vorher für unmöglich gehalten habe. Ich habe diesen Augenblick wie eine Schwingung erlebt, eine Schwingung, die uns alle aufnahm, in der alles, was ich wahrnahm, Philip, den Narren und mich, aber auch alles, was uns umgab, eins wurde, so als ob es keinen Unterschied zwischen uns gäbe, nicht du, nicht ich, nicht Umwelt, eine Schwingung, die dann alles Einzelne wieder freigab, Philip, den Narren, mich und das, was es um uns gab, um erneut wieder in eine Einheit aufzugehen. Ich habe vorher nie gedacht, dass man so etwas fühlen kann. Und jetzt, wo ich es aufschreibe, ist es auch schon wieder unfühlbar und unbegreifbar, und nur noch die Erinnerung, dass es ein solches Erleben geben kann, bleibt zurück.

Vielleicht sollte ich aufhören, meine Gefühle zu beschreiben, vor allem deshalb, weil ich merke, dass ich gar nicht die richtigen Worte finden kann. Ich denke, es ist viel sinnvoller, einfach nur zu berichten, was geschieht. Aber eigentlich ist es gar nicht wichtig, was weiter geschieht. Und niemand wird es interessant finden, nochmals im Einzelnen zu hören, wie ich meinen neuen Tag beginne, aufstehe, frühstücke und mich wieder in mein Arbeitszimmer begebe. Und auch was dann geschieht habe ich schon mehrmals beschrieben, wie ich mich in meinen Stuhl setze, wohin ich meine Blicke richte und wo ich dann ankomme, und: das ist auch nicht mehr überraschend, dass ich eine weitere Geschichte höre.

DER BRUNNEN IM TAL

Einem König wurden zwei Töchter geboren. Aber da ihre Mutter kurz darauf starb, war er voller Sorge darüber, wie er sie auf den Weg zu ihrem Glück bringen könnte. Da riet man ihm, nach der weisen Frau zu schicken, und er ließ sie kommen, um sie zu befragen. „Sein Glück muss jeder Mensch selber suchen", sprach die weise Frau. „Aber ich weiß einen Brunnen in einem Tal, in dessen Spiegel eure Töchter über ihr Schicksal erfahren können, was man darüber wissen kann. Sie müssen sich nur auf den Weg machen und diesen Brunnen finden." Und als die Zeit gekommen war, dass man sie auf den Weg schicken konnte, rief der König seine Töchter, um ihnen den Rat der weisen Frau mitzuteilen. Da er jedoch immer noch voller Sorge war, es könnte ihnen etwas zustoßen, wollte er zuerst nur eine von ihnen fortlassen, um den Brunnen zu suchen.

Da machte sich die erste fröhlichen Herzens auf den Weg. Dieser führte sie aus der Stadt hinaus in das weite Land. Aber sie war noch nicht lange gegangen, als sie auf einer Wiese unter einem Apfelbaum eine Wiege fand, darin weinte ein Kind. Die Prinzessin trat auf die Wiege zu und nahm das Kind in ihre Arme, sprach zu ihm, wiegte und streichelte es. Da kam die Mutter aus dem Hause, lächelte sie an und sprach zu ihr: „Ich weiß, du bist auf dem Weg zum Brunnen, lass dich nicht lange aufhalten." Und sie dankte ihr und nahm das Kind an sich.

Die Prinzessin setzte ihren Weg fort. Da dauerte es nicht lange, und sie traf am Rande ihres Weges einen Knaben, der

Murmeln in der Hand hielt und sie anschaute. „Du möchtest spielen und hast keinen Gefährten", sprach sie ihn an. „Wenn du magst, will ich ihn vertreten." Und sie setzte sich zu ihm und spielte mit ihm. Aber es dauerte nicht lange, da kam ein anderer Knabe, hob den Kopf zu ihr und sagte: „Ich habe gehört, du bist die Prinzessin auf dem Weg zum Brunnen, lass dich nicht aufhalten." Und er nahm die Murmeln und setzte sich zu seinem Gefährten.

Die Prinzessin erhob sich und machte sich auf, ihren Weg fortzusetzen. Und wiederum war sie nicht lange gegangen, als sie einen Bauern traf, dessen Karren war tief im Morast stecken geblieben. Und sie eilte hin, ihm zu helfen. Beide bemühten sich vergeblich, die Räder aus dem Morast zu ziehen. Da kam ein anderer Bauer des Weges, packte mit an, so dass es ihnen bald gelungen war, den Karren freizubekommen. Und als sie die Arbeit getan hatten, lächelten die beiden Männer sie an und sprachen: „Wir wissen, dass du auf dem Weg zum Brunnen bist, um dein Schicksal zu erfahren, lass dich nicht aufhalten."

Und die Prinzessin nahm ihren Weg wieder auf. Unterdes war es Mittag geworden. Die Sonne brannte vom Himmel und sie war hungrig. Da begegnete sie einem Bettler, der saß auf einer Bank und bat sie um eine Gabe. „Ich habe leider nichts, was ich dir geben könnte", erwiderte sie. „Aber wenn du magst, könnte ich mich für eine Weile zu dir setzen und dir Gesellschaft leisten." Und sie setzte sich zu ihm und hörte seine Geschichte. „Ich weiß", sagte er nach einer Weile, „du bist auf dem Weg zum Brunnen im Tal, lass dich nicht länger aufhalten. Dort kommt ein Freund, um sich zu mir zu setzen."

Die Prinzessin verabschiedete sich und ging weiter. Da führte der Weg sie vorbei an einem Haus, aus dem sie Rufe vernahm. Und als sie eintrat, fand sie eine alte Frau dort krank liegen. Und die Prinzessin trat ein, bettete sie in frisches Leinen und schickte sich an, eine Suppe zu kochen, um sie zu stärken. Die Kranke dankte ihr und sagte: „Ich weiß, du bist auf dem Weg zum Brunnen, lass dich nicht aufhalten, dort kommt die Nachbarin, die wird mir meine Suppe kochen."

Und als die Prinzessin ihren Weg fortsetzte, sah sie in der Ferne das Tal mit dem Brunnen. Sie trat auf ihn zu, beugte sich über den Rand und sah hinein. Nach einer Weile bemerkte sie, wie die Oberfläche des Wassers hell und klar wurde wie ein Spiegel, und sie sah darin die Mutter mit dem Kinde, die beiden Knaben, die Bauern, den Bettler und seinen Freund, die alte Frau und die Nachbarin einen Kreis bilden, sie anlächeln und willkommen heißen. Was sie noch darin fand, können Worte nicht beschreiben. Aber mit heiterem Gemüt kehrte sie zurück.

Wieder zu Hause bei ihrem Vater, berichtete die Prinzessin ihrer Schwester, was sie auf ihrem Weg erlebt und im Brunnen gesehen hatte, von dem Kinde in der Wiege und seiner Mutter, von dem Knaben am Wege und seinem Gefährten, von den Bauern mit dem Karren, den Bettlern auf der Bank und der alten Frau in ihrer Kammer und der Nachbarin. Und sie sagte: „Sie alle wollen dich auf deinem Weg zum Brunnen nicht aufhalten."

Und so machte sich die zweite auf den Weg. Und als sie an die Wiege kam, sagte sie zu dem weinenden Kind: „Sei nicht traurig, gleich kommt deine Mutter." Und als sie den Knaben traf, sagte sie: „Warte eine Weilchen, gleich kommt dein Gefährte." Und als sie den Bauern traf, sagte sie: „Ich kann dir leider nicht helfen, aber gleich kommt ein anderer Bauer." Und als sie den Bettler traf, sagte sie: „Ich kann dir leider nichts geben, aber gleich wirst du Gesellschaft haben." Und als sie die Rufe der kranken Frau hörte, sagte sie: „Gleich kommt die Nachbarin." Und so eilte sie ihren Weg weiter und fand den Brunnen, wie ihre Schwester gesagt hatte. Aber als sie nach Hause zurückkehrte, war ihr Gemüt nicht so heiter wie das ihrer Schwester: „Ich bin den gleichen Weg gegangen wie du", sagte sie zu ihr. „Ich habe die gleichen Menschen getroffen. Ich habe wie du in den Brunnen geschaut. Ich kann es mit Worten nicht beschreiben, aber ich fühle, das Schicksal meint es mit mir nicht so gut wie mit dir."

Aha, denke ich, als ich nach diesem Besuch im Park an meinem Schreibtisch wieder aufwache, in dieser Geschichte gibt es auch etwas Unsagbares. Also geht es nicht nur mir so, dass ich etwas erlebe, und es nicht in Worte fassen kann. Das tröstet mich, denn ich habe mich schon darüber geärgert, dass mir die Beschreibung meiner Gefühle nicht gelingen wollte. Denn, so habe ich gedacht und denke es noch jetzt: Wenn ich in Zukunft mein Geld mit Geschichten verdienen will, muss ich schon schreiben können, damit meine ich, Erleben in Sprache bringen. Übersetzen aus einer Sprache in die andere ist viel einfacher. Die Wörter, die in eine andere Sprache zu übertragen sind, stehen schon auf dem Papier, ich muss sie nicht erst finden. Das heißt, mir fällt gerade ein, dass ich meine Aussage einschränken muss, denn ich kann nur Aussagen über das Übersetzen von Sachbüchern machen. Richtige Literatur zu übersetzen, ist vielleicht sehr viel anspruchsvoller. Ich habe es noch nie versucht. Überhaupt gibt es wohl im Umgang mit Sprache viele unterschiedliche Begabungen. Gute wissenschaftliche Literatur hört sich anders an als populäre Darstellungen, Romantexte anders als Gedichte. Man sagt, dass viele Dichter nicht erzählen können, weil Erzählen etwas ganz anderes ist als Dichten. Ob ich lernen kann, wirklich gut zu erzählen? Ich bin mir nicht sicher. Aber ich weiß auch, dass man viel lernen kann. Irgend jemand hat mal gesagt, dass von allem Großen, was Menschen schaffen, ein Prozent Genie, aber neunundneunzig Prozent Arbeit ist. Und ich weiß, dass ich fleißig bin. Das ist zumindest eine gute Voraussetzung. Aber wie lerne ich, gute Literatur zu schreiben? Ich könnte gute Autoren lesen und deren Sprache studieren. Aber dieser Gedanke gefällt mir überhaupt nicht. Ich will niemanden nachahmen. Aber vielleicht kann ich einen guten Autor finden, der so schreibt, wie ich schreiben können möchte und den so lange lesen, bis ich mir die Melodie seiner Worte eingeprägt habe. Ich glaube nämlich, dass gute Texte wie Melodien sind. Vielleicht finde ich auf diese Weise meine eigene Melodie.

Du spinnst hier völlig ohne Kenntnisse wild herum, mischt sich die barsche Stimme aus meinem Innern in diese Gedankengänge ein. Ich kenne sie aus Situationen, in denen sie mich zur Pflichterfüllung antreibt. Sie hat aber offensichtlich auch etwas gegen uninformierte Spekulationen einzuwenden. Es wäre vielleicht wirklich sinnvoller, mir zunächst Wissen über schriftstellerische Fähigkeiten anzueignen, und es gibt eine ganze Wissenschaft, die sich mit solchen Fragen befasst. Aber die Idee, mich damit zu befassen, gefällt mir nicht. Ich finde, dass es viel interessantere Gedanken gibt als solche, die von Literaturwissenschaftlern zusammentragen werden. Allerdings könnte das auch ein Vorurteil sein. Ich habe nur ein Buch aus diesem Bereich gelesen, und das ist lange her. Es hat mir nicht gefallen. Allerdings kommt jetzt ein anderer Gedanke auf. Ich kenne Leute, die Literaturwissenschaft studiert haben, mit denen ich reden könnte. Ich muss ihnen ja nicht sagen, was ich vorhabe. Das wäre auch zu riskant, und ich könnte mich blamieren, bevor ich eine eigene Zeile veröffentlicht hätte. Ich könnte aber andeuten, dass ich die Qualität meiner Übersetzungen verbessern möchte. Für solche Zwecke werden sie mir sicher einen großen Brocken von der reichen Tafel ihrer Kenntnisse gönnen.

Es ist vor allem eine Frau, die vor meinen inneren Augen auftaucht, wenn ich an Literaturwissenschaft denke. Merkwürdig,
mir fällt jetzt ein, dass ich schon gestern an sie gedacht habe,
als ich mir vornahm, mehr Aufmerksamkeit auf meine äußere
Erscheinung zu richten. Mir kam dabei auch in den Sinn, die
Beziehung zu dieser Frau wieder aufzunehmen. Sie war früher
einmal Schauspielerin, nicht nur auf kleinen Bühnen, und hat
dann, ich weiß nicht mehr aus welchen Gründen, die Schau-
spielerei an den Nagel gehängt, Germanistik und Literaturwis-
senschaften studiert und ist Studienrätin geworden. Wenn ich
sie früher besuchte, war das wie ins Theater gehen. Sie konnte
von ihren Eroberungen erzählen, dass es mich völlig in den
Bann zog, so dass ich erst dann, wenn meine Faszination abgeklungen war, bemerkte, dass das, was in den Geschichten
passiert war, gar nicht so großartig war. Es ist ja auch immer dasselbe Thema: Ein Irgendjemand liebt eine Irgendjemandin, oder
umgekehrt, oder sie lieben sich beide. Die Handlung ist immer
ziemlich banal. Aber wie Anna die Berichte ihrer Liebeserleb-
nisse in Szene setzen konnte, und das heißt eigentlich, wie sie
es schaffte, meine Phantasie zum Fließen zu bringen, während
sie erzählte, das war schon erstaunlich. Ich weiß gar nicht, wie
sie diese Wirkung erzielte, es muss der Klang ihrer Stimme gewesen sein oder das Strahlen ihrer Augen in der Erinnerung,
jedenfalls vermittelte sie mir den Eindruck, dass sie eine großartige, begehrenswerte, berauschende und bezaubernde Frau
gewesen sein muss, und ich bewunderte sie. Wenn diese Wirkung verflogen war, dachte ich allerdings anders, denn die nüchternen Tatsachen, aus denen sie ihre Geschichten anrichtete,
wollten für eine Bewunderung keineswegs ausreichen.

So kann denn auch dieser Gedanke, die Beziehung zu Anna
wieder aufzunehmen, nicht bei allen Stimmen in meinem Innern
Zustimmung finden. Besonders eine warnende Instanz lässt
mich wissen, dass ich weiß Gott wie viele Jahre gebraucht habe,
um herauszufinden, dass ganz bestimmte Menschen mich faszi-

nieren, ob es Männer sind oder Frauen. Sie sind alle wie Anna, schön, lebendig und sprühend in der Begeisterung von sich selbst. Ich lasse einfach gerne meine Phantasie anregen und bin nur allzu bereit, zu bewundern, wenn Menschen solche Fähigkeiten besitzen und andere in ihren Bann ziehen können. Allerdings weiß ich auch, dass Beziehungen zu solchen Menschen, wenn sie enger werden, paradoxe Gefühle auslösen. Zumindest ist mir das so ergangen, nicht nur mit Anna, sondern auch mit dem Mann, den ich geliebt habe. Je näher ich ihm kam, desto einsamer fühlte ich mich. Je mehr ich ihn liebte, desto größer wurde meine Sehnsucht. Und ich weiß natürlich, denn ich übersetze nicht nur Psychologiebücher sondern lese sie auch, warum gerade solche Menschen mich anziehen, die andere, die sie lieben, immer hungern lassen. Solche psychologischen Zusammenhänge sind banal, aber wirksam, und zwar auch dann noch, wenn man sie kennt. Aber ich habe noch ganz andere Freunde. Sie sind nicht so faszinierend. Sie geben keine großartige Vorstellung, wenn ich sie treffe. Aber ich kann dann ein paar Glanzpunkte in ihren Augen entdecken, die mir gelten. Besonders bei einem. Ich bräuchte ihn bloß anzurufen. Und das bilde ich mir nicht nur ein. Ich habe diese Erfahrung schon oft gemacht. Einmal waren es zwei Jahre, in denen wir nichts von einander gehört hatten. Und trotzdem war es, wie wenn wir gestern auseinander gegangen wären. Das ist schön, denke ich. Gefühle für einander, die bleiben, und das in dieser Welt, in der alles sich wandelt und an Wert verliert. Ich habe eine solche Sehnsucht nach Beständigkeit.

Ja, genau das ist es: Ich habe Sehnsucht nach Beständigkeit, und deshalb bin ich falsch in dieser Welt. Ich passe nicht in Verhältnisse, die sich dauernd verändern, wo alles immer größer, höher, schneller, besser und raffinierter wird. Ich verstehe nicht, woran die Leute, die diesen rasanten Wandel vorantreiben oder ihn auch nur mitmachen, sich eigentlich halten. Oder brauchen sie nichts Festes, keinen Ruhepol, zu dem sie zurückkehren, wenn sie sich einmal auf sich selbst besinnen müssen? Oder müssen sie das gar nicht? Ich jedenfalls lebe in einem Haus, in dem ich bis zum Ende meines Lebens bleiben möchte. Und ich mag es, dass große Bäume in meinem Garten stehen, die auch dann noch dort stehen werden, wenn es mich nicht mehr gibt. Ich habe mein Haus so eingerichtet, dass es so bleiben kann, wie es ist, jedenfalls bis zu meinem Tod. Ich mag meine Sachen und ich gehe sorgsam mit ihnen um. Sie sind es mir wert. Was ich nicht mag, ist mit der Mode zu gehen. Es ist mir völlig unverständlich, dass Menschen, die etwas auf sich halten, sich von großen Mode-Häusern in den Hauptstädten der Welt vorschreiben lassen, was sie in diesem Jahr schön finden und anziehen werden. Sie alle wissen, wie das geht und worum es dabei geht, dazu kann überhaupt kein Mensch zu dumm sein, um es nicht zu durchschauen. Und sie machen alle mit. Es ist unbegreiflich! Nicht einer schämt sich dessen. Ich finde es unglaublich, so unglaublich, dass ich eigentlich ein anderes Wort bräuchte, eine Steigerung von unglaublich, um zum Ausdruck bringen zu können, wie unglaublich ich das finde.

Aber was das Wichtigste ist, ich mag es, denselben Menschen dieselben Gefühle entgegenzubringen, für immer. Ich glaube, dass es das ist, was meine Sehnsucht nach Beständigkeit ausmacht. Ich möchte festhalten können an meiner Liebe zu den Menschen, die ich liebe. Und, wenn ich ehrlich bin, muss ich das auch sagen. Ich möchte die Gefühle der mir wichtigen Menschen zu mir festhalten können und das auch für immer. Wenn es Treue nicht gibt, woran soll man sich halten. Irgendeinen Halt muss es geben. Wandel macht einsam. Worum geht es im Leben? Oder geht es nur mir so?

Immer noch dieses Grübeln. Ich wollte doch damit aufhören. Und vor allem wollte ich einen normalen Tagesablauf. Und an den mache ich mich jetzt. Das bedeutet zuerst, mich aus meiner Haltung am Schreibtisch wieder aufzurichten. Nicht den Kopf

aufstützen und ins Leere schauen, nicht anlehnen! Das Buch,
das ich übersetzen soll, wieder in mein Blickfeld rücken, die
Sätze lesen, verstehen und dann übertragen, einen Absatz nach
dem anderen. Nur unterbrechen, wenn ich einen neuen Fencheltee brauche. Und das jetzt zwei Stunden durchhalten. Und
dann Mittagessen bereiten, etwas Warmes, nicht nur ein Käsebrot. Eigentlich hätte ich gedacht, dass mir das alles schon sehr
viel leichter fallen müsste. Aber es will noch nicht. Und warum
es nicht will, wird mir jetzt auch klar. Es soll schnell gehen. Und
schnell gehen soll es deshalb, weil ich in den Park will. Dieser
Gedanke hat sogleich eine Wirkung auf meine Muskulatur. Ich
fühle mich leichter. Meine Bewegungen werden beschwingter.
Auch in meinem Gesicht fühle ich eine Veränderung. Das müsste es öfter geben in meinem Leben: Freude. Aber die gibt es seit
einigen Tagen schon viel öfter als vorher. Ich sollte mich nicht
beklagen. Veränderungen stellen sich nicht so schnell ein. Ich
muss geduldiger mit mir sein. Und das nehme ich mir jetzt vor.
Trotzdem kann ich nicht leugnen, dass ich mich jetzt beeile, das
Geschirr abwasche, während das Wasser für meinen Fencheltee
heiß wird, meine Tasse bereitstelle, den Teebeutel von seiner Papierhülle befreie, den Beutel in die Tasse lege, die Papierhülle in
den Müll tue, das kochende Wasser einschütte, den Kocher zu-
rückstelle, meine Tasse ergreife und wieder ins Arbeitszimmer
gehe. Und jetzt muss ich nur noch warten, bis ich mich beruhigt
und meinen Tee getrunken habe. Während ich es mir in meinem Stuhl bequem mache, schaue ich durch das Fenster in den
Garten zu den Fliederbüschen. Im nächsten Jahr werden sie
wieder blühen, mit schweren dunkelvioletten Traubenrispen.
Und sie werden duften. Und während das Bild meiner Flieder-
blüten vor meinem inneren Auge verblasst, tauchen die Rhodo-
dendronbüsche im Park auf, durch die ich meinen Weg nehme
zu der Stelle, an der meine Freunde auf mich warten.

DER KLEINE GEIST

Es war einmal ein kleiner Geist, der trieb schon eine Ewigkeit im leeren Raum umher und langweilte sich, denn er
war ja allein und konnte auch nicht mit sich selber spielen,
weil er ein Geist war. Da kam er auf die Idee, eine feste Form
anzunehmen. Und er verwandelte sich in ein Sandkorn, das
tummelte sich in der Sonne, fing ihre Strahlen auf und warf sie
nach allen Seiten zurück. Darüber freute sich der Geist. Aber
es dauerte nicht lange, da spürte er, dass seine Sehnsucht nicht
gestillt war, denn auch als Sandkorn war er allein. Also entschloss er sich, einen Teil von sich selbst in dem Sandkorn zurückzulassen und sich in ein zweites Sandkorn zu verwandeln,
um seinesgleichen zum Spielen zu haben. Das war eine Freude! Die beiden Sandkörner trieben im leeren Raume neben-
einanderher, fingen die Strahlen der Sonne ein, leuchteten
damit sich selber an, haschten einander und stießen freund-
schaftlich aneinander, so dass sie einander spüren konnten.
Aber mehr, als sich anstrahlen und einander fühlen, konnten
sie als Sandkörner nicht. Der kleine Geist nahm wahr, dass
seine Sehnsucht nicht gestillt war. Nur einen Freund zu haben
ist zu wenig, dachte er. Ich brauche viele Freunde. Und so verwandelte er sich in einen ganzen Sandstrand. Nun konnten die
Sandkörner einen richtigen Wirbel veranstalten, viele Sonnen-
strahlen einfangen und so hell leuchten, dass man das Licht
ganz weit im leeren Raume sehen konnte – wenn da jemand
gewesen wäre, der hätte sehen können.

Lange Zeiten trieb der kleine Geist in seinem Sandwirbel
durch den leeren Raum und führte die lustigsten Tänze auf.

Aber er spürte, dass auch dieses Spiel seine Sehnsucht nicht stillen konnte. Da kam er auf die Idee, dass nicht nur mehr Sand nötig sei, sondern dass er etwas ganz anderes brauchte, das ihn glücklich machten konnte. Und er ließ wieder einen Teil von sich in dem Sandwirbel zurück und verwandelte sich in Wasser. Das war eine Freude. Jetzt konnte das Wasser den Sand berühren und benetzen, sich wieder zurückziehen und den Sand trocknen lassen, über ihn hinwegspülen, ihn mitreißen, durcheinander wirbeln und ganz neue Spiele und Tänze erfinden. Aber nach einiger Zeit des Herumtollens spürte der kleine Geist wieder seine ungestillte Sehnsucht. Freunde zu haben war gut, Freunde anderer Art zu haben, war noch besser. Aber sie konnten aufeinander nur Eindrücke machen.

Das war dem kleinen Geist zu wenig. Und da er schon die Erfahrung gemacht hatte, wie das ging, einen Teil von sich in den geschaffenen Formen zurückzulassen und sich in neue Formen zu verwandeln, probierte er jetzt etwas ganz Neues aus. Er nahm Sand und Wasser, mischte beides in einer solchen Weise, dass er eine Haut um sich ziehen konnte, und verwandelte sich so in ein kleines einzelliges Lebewesen. Jetzt konnte ein ganz neues Spiel beginnen, das den kleinen Geist mit heller Freude erfüllte. Er konnte nicht nur herumwirbeln und tanzen. Er konnte sich mit seinen Freunden verbinden, sie in sich aufnehmen, wachsen und sich selber unter seinen Freunden in ganz neuen Formen bewegen. Zuerst blieb er nur im Wasser und füllte es mit Geschöpfen vielfältiger Art, erfand unzählige Weisen des Spiels und der Tänze. Dann beschloss er, auch den Sand zu bewohnen, suchte feuchte Stellen, um dort seine Wurzeln in die Erde zu treiben und seine Blätter der Sonne zuzuwenden. Das war eine unbeschreibliche Freude, wie der kleine Geist den Strand, das Wasser, das Leben im Wasser und auf dem Land fühlen konnte. Und das alles trieb durch den leeren Raum, ließ sich von der Sonne bescheinen und strahlte.

„Warum kann das alles, obwohl es doch so schön ist, meine Sehnsucht nicht stillen?", fragte sich der kleine Geist. „Was will ich mehr?" Aber es war klar. Er wollte mehr. Und so ließ er wieder einen Teil von sich selbst in dem zurück, was er bereits geschaffen hatte und verwandelte sich in einen kleinen Hasen. Das war ein Vergnügen! Denn jetzt konnte er nicht bloß fühlen. Er konnte aus seinen kleinen Augen sehen, was es schon alles gab, den Glanz der Schöpfung in ihren Formen und Farben. Er saß am Strand und blickte in das strahlende Blau des Himmels, zum Horizont, wo der Himmel das Meer berührte, auf das Wasser, wie es glitzerte im Licht der Sonne und sich in unendlich viele Schattierungen von Blau färbte, auf die Wellen, wie sie herankamen, sich zuweilen überschlugen und schäumend den Strand hinaufrollten. Und er konnte hören, wie die Wellen herankamen, tosten, zischten, schäumten und plätscherten. Im Strandhafer konnte er den Wind rascheln hören und den Sand leise knirschen, wenn er über ihn dahinhoppelte. Und wie sich das anfühlte! Seine Pfoten im warmen Sand, die Sonne in seinem Pelz und seine Nase im Wind, der vom Meer her einen Duft von Tang mitbrachte und auf seinen kleinen Lippen den Geschmack von Salz zurückließ. Und die Lust in seinem kleinen Körper, wenn er im Sand buddelte, rannte, Sprünge vollführte und Haken schlug. Ein tolles Gefühl! Und wie die Gräser auf der anderen Seite der Dünen schmeckten. Es war herrlich!

Und doch, die Sehnsucht des kleinen Geistes war immer noch nicht gestillt. Er hatte so vielfältige Formen erfunden und war so lebendig geworden, aber das konnte noch nicht alles sein. Das Wasser glitzerte in der Sonne, der Sand wirbelte im Wind. Im Meer tummelten sich die Fische. Am Strand blühte der Hafer und die Hasen liefen im Kreis. Sie alle waren fröhlich. Der kleine Geist fühlte, dass er in allen diesen Geschöpfen anwesend war, aber er konnte in ihnen sich selber nicht erkennen. Der Strand lag warm in der Sonne und ließ die Wellen

an sich hinauflaufen, aber er war eins mit Sonne, Wind und
Wellen. Die Fische schwammen munter umher. Aber sie waren eins mit dem Element, in dem sie sich tummelten. Der
Hafer streckte seine Wurzeln tief in den Sand und reckte sich
zur Sonne. Aber er konnte sie nicht wirklich unterscheiden.
Und auch die Hasen gruben im Sand, mümmelten ihr Gras
und spielten fröhlich miteinander. Aber auch sie konnten in
Sand, Gras und ihren Gespielen nicht die andere Form von
sich selber erkennen. Der kleine Geist in ihnen konnte in den
anderen seiner Geschöpfe nur die Schönheit des Daseins als
einen Zustand des Glücks erleben. Er konnte nicht unterscheiden, sich selbst in ihnen wahrnehmen.

Und er ließ auf der Spur seiner Sehnsucht wieder einen Teil
von sich in dem zurück, was bereits da war und verwandelte
sich in ein Wesen, das nicht nur sehen, hören, fühlen, riechen
und schmecken konnte, sondern auch denken. Und dieses Wesen, das zwischen sich und den anderen Dingen der Schöpfung unterscheiden konnte, saß am Strand und betrachtete die
Schöpfung. Es prüfte die Feinheit und Farbe des Sandes, die
Linie des Ufers. Es zählte die Tage, an denen die Sonne
schien, maß die Temperatur der Luft und des Wassers und
überzog dann den ganzen Strand mit den Werken seiner
Hände. Der Strand verschwand bis auf einen kleinen Streifen
unter Beton. Das Meer trübte sich. Die Fische erschraken. Der
Strandhafer zitterte und die Hasen flohen.

Wie konnte das geschehen? Der kleine Geist dachte nach, ob
er einen Fehler gemacht hatte. Die neuen menschlichen Wesen
hatten denken gelernt und damit, andere Geschöpfe zu erkennen und zu unterscheiden. Aber sie konnten nicht mehr fühlen,
dass das, was sie zerstörten, andere Formen ihrer selbst waren.
Ich weiß, die Sehnsucht des kleinen Geistes ist bis heute
ungestillt geblieben. Er ist noch immer am Werk. Und diese
Sehnsucht taucht manchmal auch in seinen Geschöpfen auf.

Als ich nach dieser Geschichte wieder an meinem Schreibtisch saß, war mir klar, dass ich eine solche Geschichte erwartet hatte. Und mir ist auch noch etwas anderes klar geworden. Der Narr erzählt seine Geschichten für mich. Sie enthalten Antworten auf meine Fragen.

Aber ich bemerke auch, dass es mir schwer fällt, diese Antworten zu verstehen. Auch mit der Geschichte, die ich gerade gehört habe, ergeht es mir so. Ich weiß, es gibt darin eine Antwort auf eine alte Frage aus meiner Kindheit, die jetzt, wo ich allein bin, wieder aufgetaucht ist: Worauf kommt es im Leben an? Ich versuche, die Gedankenkette noch einmal durchzugehen: Wenn ich diese Geschichte richtig verstanden habe, bringt der Geist in der Schöpfung des Menschen die Fähigkeit des Denkens und das Vermögen des Bewusstseins hervor. Das ist nichts Neues, sondern eine alte Erkenntnis, die darüber hinaus auch allgemein anerkannt wird. Der lateinische Ausdruck für diese Erkenntnis fällt mir ein: animal rationale. Der Mensch ist das Tier, das denken kann. Und ich habe irgendwann gelernt, dass wir Menschen unser Denkvermögen über die Ausbildung der Sprache erworben haben. Wir können die anderen Formen der Schöpfung erkennen und unterscheiden. In Ordnung, das habe ich verstanden.

Aber wie geht es weiter? Ich bemerke, dass sich schon wieder Verwirrung einstellt. Meine Gedanken stolpern. Ich finde keinen Faden, den ich weiterspinnen kann. Dabei habe ich meinen Ellbogen auf die Schreibtischplatte gestützt und knete meine

Lippen. Als ob ich damit meine Gehirnwindungen massieren könnte. Die Geschichte scheint aussagen zu wollen, dass diese neue Fähigkeit des Denkens andere vorher in der Schöpfung entwickelten Fähigkeiten außer Kraft setzt. Diese Aussage ist nicht so leicht nachzuvollziehen. Wie sich beispielsweise Tiere in ihrer Umwelt selbst erleben, können wir gar nicht wirklich wissen. Wir können nicht wissen, ob ein Fisch sich eins mit dem Wasser fühlt, in dem er schwimmt. Eine solche Aussage ist eine Schlussfolgerung aus der Vorannahme, dass sie kein Unterscheidungsvermögen haben. Aber dieser Gedanke ist zumindest plausibel, denke ich weiter. Wir Menschen nehmen auch die Luft nicht wahr, die wir atmen. Und während ich diesen Gedanken denke, fühle ich, wie sich meine Brust hebt und wieder senkt. Ich kann es fühlen. Aber dabei fühle ich nicht die Luft, sondern meinen Brustkorb. Ich kann jetzt, wo ich darauf aufmerksam geworden bin, auch hören, wie ich atme. Aber die Luft selbst nehme ich auch dabei nicht wahr. Und jetzt stocken meine Gedanken wieder, als ob sich da ein Knoten befände, der nicht aufzulösen ist. Aber da fällt mir noch etwas anderes ein. Kinder müssen erst lernen, zwischen sich und ihrer Mutter zu unterscheiden. Das Unterscheidungsvermögen der Menschen scheint also nicht von Anfang an da zu sein. Es ist angelegt, muss aber erst entwickelt werden. Und wie ist es, wenn sie es entwickelt haben? Die ursprüngliche Einheit oder auch das Gefühl dafür stellt sich nicht wieder her. Es geht tatsächlich verloren. Obwohl es Leute gibt, die behaupten, man könne diese Einheit in der sexuellen Beziehung erleben. Leider habe ich das selber nicht erlebt. Ich habe nur diese eine Erfahrung der Schwingung gemacht. Und diese war nur kurz und ging mir sehr schnell wieder verloren. Und ob das die Wiedererfahrung einer alten Symbiose oder die Ahnung einer ganz neuen Einheit war, kann ich auch nicht sagen.

Ich bemerke, dass ich hungrig geworden bin. Eigentlich seltsam, dass Denken so viel Energie benötigt. Ich zögere, ob ich meine

Gedanken unterbrechen will, um in die Küche zu gehen und mir etwas zu essen zu machen. Eigentlich möchte ich mich nicht rühren, sondern in meinem Stuhl sitzen bleiben und weiterdenken. Ich könnte den Faden verlieren, wenn ich jetzt aufstehe. Manche Menschen können verschiedene Dinge zur gleichen Zeit tun. Radio hören und Zeitung lesen. Ich habe das nie gekonnt. Aber ein Käsebrot zu machen und weiterzudenken, könnte klappen. Ich muss ja nicht unbedingt weiterdenken, sondern nur den Faden nicht verlieren, während ich den Wasserkocher für Tee fülle und anstelle, das Brot schneide, Butter und Käse aus dem Kühlschrank nehme, ein Messer aus der Schublade hole, Butter aufs Brot streiche, eine Scheibe Käse darauf lege, das Messer aus der Hand tue, aus der anderen Schublade einen Fencheltebeutel nehme, aus dem Schrank einen Becher bereitstelle, warte, bis das Wasser kocht, und dabei aus dem Fenster schaue. Wie still es in diesem Haus ist, seit ich allein lebe. Draußen auf der anderen Straßenseite stehen Autos ordentlich hintereinander geparkt. Die Anwohner unserer Straße sind übereingekommen, nur auf einer Seite zu parken. Auf diese Weise passen da mehr Autos hin. Eine Frau kommt den Bürgersteig auf meiner Seite entlang. Sie hat ihre Fäuste tief in ihre Jackentaschen vergraben und geht in großen kraftvollen Schritten. Wie ein Mann, kommt mir in den Sinn. Selten haben Frauen einen solchen Schritt. Im Wasserkocher fängt es an zu brodeln und nach drei Sekunden macht es „Klack". Er hat sich ausgestellt. Ich fülle meinen Becher mit Wasser, fasse ihn mit einer Hand bei seinem Henkel. Mit der anderen angele ich mir mein Käsebrot und setze mich mit beidem an den Tisch. Jetzt hat mich der Gang in die Küche doch abgelenkt, wird mir klar. Ich muss den fallen gelassenen Gedankenfaden gleich noch einmal suchen, um ihn wieder aufnehmen zu können.

Wie war das noch? Mit der Entwicklung des menschlichen Unterscheidungsvermögens geht das Gefühl des Einsseins mit der Umwelt verloren. Das war plausibel. Aber wie geht es jetzt weiter? Da haben wir's. Der aufgenommene Faden führt nicht weiter. Ich gehe nochmals die Geschichte durch und bleibe an dem Satz hängen: „Der kleine Geist fühlte, dass er in allen diesen Geschöpfen anwesend war, aber er konnte in ihnen sich selber nicht erkennen." Diese Aussage ist sehr kompliziert, denke ich. Der kleine Geist scheint sich selber in den anderen Geschöpfen erkennen zu wollen. Zumindest steht das in dieser Geschichte. Tun wir Menschen denn das? Nein, wir tun es nicht. Wir Menschen erfahren uns selbst zwar als geistige Wesen. Aber wir erfahren die anderen Formen der Schöpfung eher als physische Objekte und nicht als geistige Wesen. Und schon gar nicht erfahren wir in ihnen uns selbst. Wir erfahren die anderen Formen der Schöpfung überhaupt nicht als uns gleich. Wir erfahren sie als verschieden und vor allem als außen existierend, als Objekte. Jedenfalls geht es mir so. Wenn ich meine Augen öffne, sehe ich das Buch, das ich übersetzen soll, so, dass es da draußen auf meinem Schreibtisch liegt. Ich weiß zwar, dass es meine Wahrnehmung des Buches ist, aber wie soll ich dieses Buch als mich selbst erfahren? Wenn ich meine Ohren auftue, höre ich das Summen der Fliege so, dass es von außen an mein Ohr dringt. Ich weiß zwar, dass es meine Wahrnehmung der Fliege ist, aber wie soll ich dieses Summen als mich selbst erfahren? Wenn ich meine Hände ausstrecke, fühle ich die Oberfläche der aufgeschlagenen Seite meines Buches da draußen. Ich weiß zwar wieder, dass es mein Gefühl ist, aber ich bin nicht diese aufgeschlagene Seite. Und wenn wir Menschen riechen, erfahren wir den Duft von Dingen da draußen und selbst wenn wir schmecken, schreiben wir den Geschmack äußeren Dingen zu. Wir können diese Sinneswahrnehmung als unsere Wahrnehmung erfahren. Aber wir erfahren in unserer Wahrnehmung nicht die Wahrnehmung von uns selbst. Obwohl ich zögere jetzt, weil ich merke, wie sehr sich im Augenblick meine Gedanken verwirren. Bisher habe ich gewusst, dass alle Wahrnehmungen, die Bilder, die Töne, das Gefühl, der Duft und der Geschmack etwas sind, was in unserem Bewusstsein entsteht und damit zu uns gehört. Wenn das Geist ist und ich Geist bin, dann wäre ja alles eines, nämlich Geist, und ich erkennte darin mich selbst als Geist. Aber das ist ein Gedanke und keine Erfahrung.

Ich gebe es jetzt auf, die Geschichte begreifen zu wollen. Immerhin ist es eine Geschichte und keine philosophische Abhandlung. Eine Geschichte will Gefühle vermitteln und Gedanken anstoßen, vielleicht sogar Utopien aufscheinen lassen. Vielleicht ist eine Geschichte mehr eine Aufgabe als eine logische Abfolge von Gedanken, also mehr eine Aufforderung zum Handeln als zum Interpretieren. Aber wer sollte handeln und wie? Ich merke, meine Gedanken machen Sprünge, ein sicheres Zeichen, dass ich Gefahr laufe, ins Grübeln zu kommen. Und das wollte ich mir abgewöhnen. Ich gehe ins Bett.

Und während ich bereits ausgestreckt auf dem Rücken liege und spüre, dass meine Schlafdecke meine Körpertemperatur annimmt, während ich mein kleines Ritual beginne und mir mit innerer Stimme sage, dass ich im Dunkeln das helle Rechteck des Fensters sehe und an der gegenüberliegenden Wand das Licht, das von der Straßenbeleuchtung durch das Fenster hereinkommt, dass ich sehe, wie der Wind die Gardinen leicht bewegt, dass ich höre, wie Regentropfen auf mein Fenster fallen, dass ein leichtes Klingen in meinen Ohren wahrzunehmen ist und dass ich höre, wie ich ein- und wie ich ausatme, dass ich fühle, wie mein Kopf auf dem Kissen liegt, wie meine Hände unter der Decke warm werden und wie sich meine Brust beim Atmen hebt und senkt, fällt mir jetzt ein, dass wir Menschen uns in der Regel schwer damit tun, uns selbst als geistig zu erfahren. Wir erfahren uns physisch, als physischen Körper mit einem Gehirn, das denken kann. Wir bezeichnen unsere Gedanken als geistige Tätigkeit, wir erfahren sie als ein Können. Aber wir erfahren uns nicht als ein geistiges Sein. Wer wir wirklich sind, scheinen wir nur schwer erfahren zu können. Es gibt zwar viele Menschen, die über Meditation versuchen, sich selbst als reinen Geist zu erfahren. Aber wahrscheinlich gelingt das, wenn überhaupt, nur wenigen. Auch ich fühle mich in meinen Körper eingesperrt.

Und was wir überhaupt nicht können – das wird mir jetzt klar – ist, auch alle anderen Formen der Schöpfung als Formen des Geistes wahrzunehmen. Wir erfahren sie nicht als Geist und erkennen uns in ihnen nicht wieder. Mein Gott, ist das schwer zu formulieren. Wir sind Geist, sie sind Geist und wir sollten uns als Geist in ihnen wiedererkennen. Wahrscheinlich ist unsere Sprache so konstruiert, dass man das mit ihr nur schwer ausdrücken kann. Oder ich bin dazu nicht fähig. Aber ich habe ja auch nicht Philosophie studiert. Das muss man mir zugute halten. Wir erfahren die anderen Formen der Schöpfung als Dinge anderer Art, die keine eigene Würdigung verdienen. Und wir benutzen sie unbedenklich. Wir können nicht mehr fühlen, dass die anderen Formen der Schöpfung, mit denen wir umgehen, die wir benutzen, andere Formen unserer selbst sind. Und was wir überhaupt verlernt haben, ist, Freude an den Formen der Schöpfung zu empfinden, Freude an allen Dingen und Lebewesen und die Freude an uns selbst. Nur Kinder verfügen über eine ursprüngliche Lebensfreude. Wir verlernen sie anscheinend.

Ich gerate schon wieder ins Grübeln. Meine Gedanken fangen irgendwann an, so schnell zu rennen, dass ich mir ihren Weg nicht merken kann. Und das führt dazu, dass es statt klarer immer verworrener wird. Jetzt höre ich intern meine Stimme, die mich wissen lässt, dass alle Religionen und Weltanschauungen den Menschen auffordern, die Schöpfung zu loben. Über diese Übereinstimmung habe ich mich schon immer gewundert. Die Schöpfung loben heißt, sie als vollkommen, schön und wunderbar zu erkennen. Tun wir das? Doch, manchmal, wenn wir einen Sonnenuntergang betrachten. Aber solche Augenblicke sind ziemlich selten. Obwohl, ... auch Gedanken bringen manchmal so ein Gefühl von Staunen hervor, beispielsweise, wenn man sich vorstellt, dass die Natur aus zwei Zellen ein neues Lebewesen hervorbringt und wenn man bedenkt, dass in jeder Eichel die Kraft und das Wissen für einen ganzen riesigen schönen Baum gespeichert ist. Leben ist ein Wunder! Und wenn der Mensch die Schöpfung nicht loben kann, liegt das wahrscheinlich daran, dass das Tun und Treiben, das seinem freien Willen entspringt, alles andere als vollkommen ist. Der Mensch nutzt seine Fähigkeiten nicht auf eine dem Wesen der Schöpfung entsprechende Weise. Das bisher letzte Geschöpf der Schöpfung handelt nicht der Schöpfung gemäß. Statt weiter an der Vervollkommnung der Schöpfung zu arbeiten, verwandelt er sie in eine Welt, in der die Freude immer seltener wird. Menschen verlieren ihre Fröhlichkeit.

Aber die Schöpfung hat ihr Werk noch nicht vollendet. Ich weiß nicht mehr, wo ich diesen Satz erstmalig gelesen habe, aber in dem Moment, in dem meine Gedanken ihn aufgenommen hatten, liebte ich ihn. Was wir gegenwärtig erleben, ist keine Endzeit, sondern ein Entwicklungsschritt. Wir haben noch Zeit. Aber den nächsten Entwicklungsschritt dürfte die Menschheit nicht der Natur überlassen, sie müsste ihn selber tun, und zwar mit Willen und Bewusstsein. Es wäre ihre Aufgabe, die Vollendung der Schöpfung voranzutreiben, und zwar in ihrem Handeln wie auch in ihrem Wahrnehmen. Vollendet wäre die Schöpfung auf der Seite des Handelns erst dann, wenn wir jede Tat jedes Menschen nur loben und preisen könnten. Und dazu gehört auch die Entwicklung unserer Sinne. Denn vollendet wäre die Schöpfung auch dann erst, wenn jedes Auge die Schönheit zu schauen, jedes Ohr die Harmonie zu hören, jeder Sinn so wahrzunehmen fähig wäre, dass er das Wahre, Gute und Schöne in sich aufnehmen könnte.

Während diese Gedanken durch mein Bewusstsein ziehen, so wie Wolken im Wind, spüre ich wieder, wie mein Atem meine Brust hebt und senkt. Mein Körper liegt ausgestreckt unter der warmen Decke. Meine Glieder sind so entspannt, dass ich sie leicht bewegen muss, um sie zu fühlen. Vor meinem inneren Auge tauchen Farben auf, verschwimmen ineinander und nehmen dabei merkwürdige Formen an. Und zwischendurch kommt manchmal so etwas wie ein Scheibenwischer und macht alles wieder dunkel. Doch danach tauchen die Farben wieder auf und tanzen ihren Tanz miteinander weiter. Und während ich dem Spiel der Farben vor meinem inneren Auge folge, spüre ich an der Veränderung der Muskelspannung im Gesicht, dass ich langsam in einen Zustand von Freude gleite. Und während ich spüre, wie leicht ich mich anfühle, taucht wieder ein Gedanke auf, nämlich, dass ich da einen Sinn gefunden habe, zumindest für mich einen Sinn gefunden habe. Und dieser ist ganz einfach zu formulieren, nämlich in drei Sätzen: Die Schöpfung hat ihr Werk noch nicht vollendet. Der Mensch mit seinem Bewusstsein und seinem freien Willen ist ihr bisher letztes Werk. Also ist es die Aufgabe des Menschen, als Geschöpf das Werk der Schöpfung so zu gestalten, dass wir die Schönheit dieser Schöpfung nicht anders als preisen können. Dieser Gedanke gefällt mir so gut, dass ich jetzt mit Denken aufhören und mich einfach nur in die Arme meines Schlafes kuscheln kann.

Am nächsten Morgen wache ich mit traurigen Gefühlen auf. Ich muss von Philip und dem Narren geträumt haben, denn ich wache mit der Erinnerung auf, dass der Narr beim letzten Treffen seinen Abschied angekündigt hat. Er hat gesagt, er habe seine Aufgabe erfüllt und werde uns bald verlassen. Bald, so denke ich jetzt, heißt aber, ich werde ihn noch einmal wiedersehen. Er ist noch nicht fort. Er ist noch da. Aber was wird sein, wenn er fort ist, was wird sein, wenn ich wieder allein bin und meine Arbeit wieder ohne ihn tun muss? Und Philip? Ich vermute, dass ich auch ihn verliere, denn ich habe bereits gemerkt, dass der Philip, der draußen an meinem Küchenfenster vorbeigeht, wenn er auf dem Schulweg ist, dass dieser Philip meine Erinnerungen mit ihm und dem Narren nicht teilt. Ich werde wieder ganz allein sein.

Dieser Gedanke begleitet mich beim Aufstehen, beim Zähneputzen, beim Duschen und beim Ankleiden. Er begleitet mich,
während ich mir mein Frühstück bereite, meinen Fencheltee
trinke und dabei aus dem Fenster schaue. Nichts von dem, was
dabei in meinem Bewusstsein auftaucht, kann ich greifen, es
erscheint und verschwindet wieder, ohne eine Spur zu hinter-
lassen, so als dächten sich meine Gedanken wieder einmal ganz
ohne mich. Und während ich mein Frühstücksgeschirr weg-
räume, in mein Arbeitszimmer gehe und mich auf meinen Stuhl
setze, bewegen sich meine Gedanken weiter nach eigenen Gesetzen. Mein Blick geht wieder ins Leere. Ich lasse los, nehme
wahr, wie die Wirklichkeit meines Arbeitszimmers sich verliert
und meine Traumwirklichkeit auftaucht und Gestalt annimmt.
Da sind sie wieder, meine beiden Freunde, und während sie
mich ansehen, fühle ich mich wie in einer Heimat, von der ich
weiß, dass ich sie verlieren werde. Auch der Narr scheint von
Gefühlen bewegt. Sein Blick ruht eine ganze Weile auf ein paar
Blättern, die vor ihm auf dem Moos liegen. Dann atmet er tief
ein, hebt sein Gesicht, schaut mich an und erzählt.

SONJA

Sonja war ein armes Mädchen und auch nicht eben schön. Ihre Gestalt war leicht gedrungen und auch ihr Gesicht ließ das Gleichmaß vermissen, das die Blicke der Menschen auf sich zieht. Aber Sonja war so lebendig und konnte so fröhlich lachen, dass sie jedermann mit ihrer Heiterkeit ansteckte.

Sonja liebte einen Maler, der in ihrem Dorfe eine Dachwohnung zu einem Atelier hergerichtet hatte, und sie liebte ihn mit ihrem ganzen Übermaß an Hingabe, das ihr Wesen auszudrücken vermochte. Die Art, wie ihre Augen leuchteten und sie den Nacken bog, wenn sie ihn ansah, wie ihre Stimme klang, wenn sie seinen Namen sprach, wie ihre Hände seine Haut berührten, wenn sie ihn umarmte, rührte sein Herz, und er begann, ihre Liebe zu erwidern.

Der Maler malte ein Bild von Sonja, und die Gefühle, die sie ihm eingab, ließen ein Kunstwerk von außergewöhnlicher Schönheit entstehen. Nicht, dass man Sonja darauf nicht mehr erkennen konnte. Jedermann sah, dass dies ein Bild von Sonja war. Und wenn man genau hinschaute, waren es nur kleine Einzelheiten, in denen das Aussehen, wie die Leute im Dorf Sonja sahen, sich unterschied von ihrem Bild, wie der Maler sie sah. Aber der Gesamteindruck, den das Bild hinterließ, wich erheblich ab von dem Eindruck, den die lebende Sonja auf Menschen machte. Das Bild war das einer schönen Frau, und es zu malen hatte auch die künstlerischen Fähigkeiten des Meisters so gesteigert, dass Kunsthändler begannen, sich für seine Arbeit zu interessieren.

Aber Sonja wurde krank und es dauerte nicht lange, da wussten alle, dass sie sterben würde. Dem Maler zog der Schmerz
die Brust zusammen, und er saß an ihrem Lager, weinte und
bat sie inständig, ihn nicht alleine zu lassen. „Du kannst mich
nicht verlieren", sagte sie da zu ihm. „Schau auf das Bild, das
du gemalt hast, das bin ich, so wie du mich hervorgebracht
hast. Nur mein Leib wird sterben, aber ich, wie du mich siehst,
meine Stimme, wie du mich hörst, meine Hände, wie du sie
auf deiner Haut fühlst, die Liebe zu mir in dir, das alles hast du
geschaffen. Ich kann dir nicht verloren gehen. Ich bin du."

Und nachdem sie gestorben war, man sie begraben hatte und
der Maler wieder allein in seinem Zimmer saß und der
Schmerz in ihm nachgelassen hatte, da erschien sie wieder vor
seinen Augen, schöner denn je, mit einer Stimme, liebevoller
denn je und Händen, zärtlicher denn je. „Du hattest recht",
fühlte der Maler. „Du gehst mir nicht verloren."

Dies war die letzte Geschichte des Narren. Er hat sich von
Philip und mir verabschiedet und wird nicht zurückkehren.
Und auch der Philip meiner Träume ist fort. Ich habe ihn heute
Mittag auf seinem Weg von der Schule nach Hause gesehen. Auf
mein Winken und meinen Blick hat er freundlich gegrüßt, ohne
eine Erinnerung an die Erfahrungen, die wir geteilt haben, in
seinen Augen. Ich bin wieder allein.

Aber meine Einsamkeit fühlt sich anders an als vordem. Während ich an meinem Schreibtisch sitze und spüre, dass dieser
Stuhl mich trägt, während ich das Buch, das ich übersetzen soll,

in meinem Blickfeld sehe, der Fliege lausche, die mir noch immer Gesellschaft leistet, und über die Erfahrungen nachsinne, die ich in den letzten Tagen gemacht habe, höre ich in mir eine Geschichte. Und ich weiß in dem Augenblick, in dem die ersten Worte in meinen Gedanken auftauchen, dass es eine Kraft in mir ist, die sie hervorbringt. Ich höre den Fluss der Worte und es ist meine Stimme, die sie spricht.

DER REIGEN

Ein verkannter Dichter war seines Schaffens müde geworden und hatte beschlossen, seine Bemühungen aufzugeben. Und als er so hoffnungslos und traurig in seiner Kammer saß, erschien ein Zauberer und sprach ihn an: „Ich sehe, dass du deinen Beitrag zum menschlichen Wirken aufgeben willst." „Ja", antwortete der Dichter. „Mein Bemühen ist sinnlos. Niemand will mein Werk lesen." „Hast du daran gedacht", fragte der Zauberer, „was Orpheus in deiner Lage getan hätte?" „Er hätte weiter gesungen", sagte der Dichter. „Aber im Gegensatz zu mir wäre ihm die Entscheidung leicht gefallen. Seine Lieder waren schön, und alle Menschen wollten sie hören." „Und hast du daran gedacht, was eine Mutter in deiner Lage täte?", fragte der Zauberer weiter. „Sie würde weiter für ihr Kind sorgen", sagte der Dichter. „Aber im Gegensatz zu mir würde ihr die Entscheidung leicht fallen, denn ihr Kind braucht sie." „Und hast du daran gedacht, was Sokrates in deiner Lage tat?", fragte der Zauberer. „Ja, er trat für die Wahrheit ein, bis man ihm den Schierlingsbecher reichte", sagte der Dichter. „Und war die Entscheidung, ihn zu nehmen, leicht?", fragte der Zauberer. „Nein", antwortete der Dichter. „Sicher war sie nicht leicht. Aber im Gegensatz zu mir wusste Sokrates, dass die Leute ihn hören wollten, und noch nach zwei Jahrtausenden lesen sie, was sein Schüler Plato von seinen Lehren aufgezeichnet hat. Meine Werke will niemand lesen. Sage mir, welchen Sinn da meine Arbeit hat."

„Der Sinn deines wie allen menschlichen Handelns ist nicht schwer zu entdecken, wenn du auf die Entwicklung allen

Seins schaust. Das Universum ist von Anbeginn an dabei, neue Möglichkeiten zu schaffen, Materie, Licht, Wasser und Leben und Bewusstsein. Und alles, was existiert, ist dabei, neue Formen zu entfalten. Auch du bist Teil dieses Geschehens und trägst dazu bei, neue Möglichkeiten zu schaffen und zu entfalten."

„Aber menschliches Tun", wandte der Dichter ein, „ist nicht immer schön oder gut oder wahr. Es kann hässlich, böse und falsch sein. Und es kann sinnlos sein, so wie meine Bücher sinnlos sind. Niemand will sie lesen."

„Dann will ich dir eine Geschichte erzählen", sprach der Zauberer, „von Kindern, die miteinander spielten. Drei von ihnen fassten einander an den Händen und tanzten einen Reigen. Die anderen wollten nicht mitspielen. Sie fanden diesen Reigen langweilig, dumm und lächerlich." „Dem Reigen ist es gleich, ob alle ihn mittanzen", unterbrach ihn der Dichter. „Du irrst", erwiderte der Zauberer. „Es ist nicht gleich, ob alle ihn tanzen. Es macht mehr Freude, wenn alle mitwirken. Und es ist nicht gleich, wie jeder Einzelne tanzt. Es mag plumpe Tänzer geben, Tänzer, die stolpern und Tänzer, die anderen ein Bein stellen. Wie ein Reigen getanzt wird, hängt von jedem Einzelnen ab und der Freude, mit der sie ihn tanzen."

„Du meinst also, dem Universum ist es nicht gleichgültig, ob ich an seinem Tanz mitwirke, und es ist ihm auch nicht gleichgültig, wie ich das tue?", fragte der Dichter den Zauberer. „Das ist richtig", antwortete dieser. „Du kannst dich entscheiden, beim Tanz des Lebens abseits zu stehen, du kannst dich entscheiden, dich im Tanz des Lebens treiben zu lassen und du kannst dich entscheiden, dazu beizutragen, dass dieser Tanz vollkommen und wunderschön wird." Und der Zauberer verschwand.

„Was soll ich jetzt weiterschreiben?", frage ich mich. „Wie wür-de der Dichter sich entscheiden?" Und ich wünsche mir, ich könnte das den Narren fragen. Aber er ist ja nicht mehr da. Und während ich an den Narren denke, mich an den Blick seiner Augen und den Klang seiner Stimme erinnere, da höre ich ganz tief in meinem Innern die Worte des Dichters. „Ich habe weiter-gemacht." Und ich wundere mich, dass ich gar nicht überrascht bin, wessen Stimme ich da höre.

Während ich weiter über meine eigene Geschichte nachdenke, stehe ich auf und trete durch die offene Balkontür in den Gar-ten. Ich höre meine Schritte auf den Fliesen des Balkons, und während ich auf die Fliederbüsche schaue, die schon lange ver-blüht sind, kommt mir eine Frage in den Sinn. Was wäre, wenn mein Dichter kein berühmter Dichter geworden wäre? Es hätte ja auch sein können, dass wirklich niemand ihn hätte lesen wol-len. Wie wäre dann meine Geschichte ausgegangen? Aber die Antwort auf diese Frage, die mir jetzt in den Sinne kommt, ist ganz einfach: Es gibt immer Menschen, deren Handeln die Din-ge des Lebens auf eine neue Höhe vorantreiben. Aber diese Din-ge wären nicht das, was sie sind, wenn wir sie nicht wahrzu-nehmen fähig wären, wenn wir unser Denken nicht entwickelt hätten, um das Wahre in ihnen zu erkennen, unsere Sinne nicht entwickelt hätten, um ihre Schönheit zu erleben, und unser Fühlen nicht ausgebildet hätten, um das Gute darin zu erken-nen, uns daran zu erfreuen und es zu preisen. Schönheit ist nur, wenn wir sie sehen, Wahrheit nur, wenn wir sie erkennen und das Gute nur, wenn wir es fühlen. Ohne uns alle ist es nicht.

Und während ich jetzt meine Aufmerksamkeit von meinen Gedanken abziehe und meinen Blick nach außen richte auf die
Balustrade des Balkons, sehe ich das Rotkehlchen aus meinen
Träumen, wie es dort sitzt und mich anschaut. Und ich fühle,
wie ein Lächeln über mein Gesicht huscht, während ein leichter
Wind über meine Wangen streicht, um gleich darauf in den
Blättern meiner Birke zu rascheln. Ich verweile, um den Anblick
meines Rotkehlchens so lange erleben zu können, wie ich ihn
haben darf. Als es fortfliegt, schaue ich meinem inneren Abbild
dieses kleinen Vogels noch eine Weile nach und gehe dann zurück in mein Arbeitszimmer, um diese letzten Erfahrungen aufzuschreiben.

Inspirierend

Gerd B. Achenbach
Das kleine Buch der inneren Ruhe
Band 4972
Eine Auswahl inspirierender, tiefgründiger Texte aus der reichen Tradition philosophischer Lebenspraxis zeigt, dass es möglich ist, innezuhalten und sein inneres Gleichgewicht zu bewahren.

Marco Aldinger
Geschichten für die kleine Erleuchtung
Das Buch zur Bewusstseinserheiterung
Band 5331
Lachen hilft, loszulassen und gelassener zu leben. Geschichten, die verblüffen und zeigen: Weisheit und Humor, Witz und Einsicht gehören zusammen.

Christel Herzhauser
Zeit nur für mich
Vom Glück des Alleinseins
Band 5242
Zeit, allein Abstand zu gewinnen, Raum zu schaffen für das Wesentliche. Texte, die inspirieren, von H. Hesse, R. M. Rilke, A. M. Lindbergh u.v.a.

Margrit Irgang (Hg.)
Buch der Freude
Band 5071
Leuchtende und inspirierende Texte von Doris Dörrie, Thich Nhat Hanh, Rainer Maria Rilke, Antoine de Saint-Exupéry u.a.

Nossrat Peseschkian
**Wenn du willst, was du noch nie gehabt hast,
dann tu, was du noch nie getan hast**
Geschichten und Lebensweisheiten
Band 5201
Witzige Szenen bewirken oft ein Aha-Erlebnis und öffnen den Blick für ganz neue, befreiende Lebensmöglichkeiten.

HERDER spektrum

Alexa Mohl

bei JUNFERMANN

Der Zauberlehrling
412 Seiten, € (D) 22,50
ISBN 3-87387-090-8

Für NLP-Einsteiger das ideale Einstiegs-
buch – für NLP-Profis das allzeit verfüg-
bare Handbuch zum Nachschlagen. Schritt
für Schritt lernen Sie mit diesem Buch das
ABC des NLP in systematischer Form.
Der Zauberlehrling gehört in den Bücher-
schrank jedes NLP-lers!

Alexa Mohl

DER ZAUBER LEHRLING

DAS NLP und Übungsbuch

JUNFERMANN

**BESTSELLER!
45.000 verkaufte Exemplare**

Alles Einbildung
128 Seiten, € (D) 15,50
ISBN 3-87387-471-7

Metaphern-Lernbuch
280 Seiten, € (D) 22,50
ISBN 3-87387-349-4

Diese und mehr Bücher gibt's beim

JUNFERMANN VERLAG
Postfach 1840 • D-33048 Paderborn
Tel.: 05251-13 44 -0 • Fax: -44
eMail: infoteam@junfermann.de

und im Internet unter www.junfermann.de